职场达人就是这样炼成的

——职场规则篇

宁国涛 著

西安电子科技大学出版社

内 容 简 介

本书作者已经进入职场近二十年，从公司的最基层员工升职到公司人力资源部经理，再到公司的副总经理，亲身经历和耳闻目睹了职场上的许多人和事，收获了许多经验和教训，有着很多的感触和感悟，于是写下了有着许多职场真实原型的职场文章。本书作者写这部书的时候，非常重视"实用性"，目的就是让职场新人和职场"老兵"快速了解如何在职场中少走错路和弯路，如何快速地成长为一个职场达人。

不以规矩不成方圆，规矩即规则。进入职场后，职场新人需要遵守哪些约定俗成的规定？从某些角度来说，职场忠诚比职场能力更重要，如何维护好你的职场忠诚？

职场中，领导看的只是结果，一般忽略过程，如何把最好的职场成绩呈现给领导？职场中会遇到一些人讨厌你，很多时候，讨厌你的原因是因为你的工作能力或者职场上为人还有着明显的短板，如何处理这样的问题？酒香也怕巷子深，那么职场中如何让别人尽早地看到你的价值呢？诸葛亮是阿斗的贵人，有着这么厉害的贵人，阿斗依然扶不起来，那么职场中如何善待和珍惜你的贵人呢？

职场中，一些人能力超群深得重用，与之相对应的是他们得到了老板的提拔重用，这些人有哪些值得学习的优点？如何与朋友协调好职场关系？如何在几个老板之间工作？如何化解职场冷暴力？如何跳槽？跳槽之后该怎么做……

面对这些职场难题，本书给出了解决这些问题的规则，并提供了很有价值的参考建议。

前　言

　　规则即是规矩。俗话说，"没有规矩，不成方圆"，职场上更是如此。职场上，凡事都是有规矩的，都应该按套路出牌。例如离职就要好好地离，不要在最后一刻"原形毕露"来发泄私愤，把以前受到的所谓"委屈"一股脑地发泄出来，弄得老板或者其他当事人很难堪，你当时心情爽了，但是"离去就翻脸"的职场"爱好"在圈内传开了，以后谁还敢用你？如今职场中有很多商业秘密，有些单位甚至与员工签订了保密协议。但是，一些人根本不把单位的秘密当回事，到了下家单位后就大肆宣扬上家单位"实际效益并没有对外宣称的好！"、"公司的流动资金好像发生了问题！"等等，这样不守口如瓶不懂保密规矩的人，肯定会引起现在老板的反感和警惕。现在的老板担心你以后离去的时候会不会也把公司的经营情况向其他同行说得清清楚楚、明明白白，这样的话，老板要么提防你，重要的事情不让你知道，要么会找茬赶紧让你走人，以除掉他(她)的一块心病。

　　上面两个例子只是说职场上有很多规矩，不该说的话不要说、不该做的事情不要做、不该打听的事情也不要打听。

　　职场上，老板提拔人的时候，第一考虑这人是不是靠谱，是不是守规矩！一个不守规矩不按套路出牌的人简直像不定时的炸弹，老板是万万不敢提拔重用这样的人的。

　　守职场规矩即是守自己的职场操守，守自己的职场名声。一个不守规矩名声坏掉的人，职场之路肯定泥泞曲折、寸步难行。从这方面来说，遵守职场规矩就等于爱护自己的双腿。因此，要想在职场上有好的发展，守职场规矩那是必须的！

　　最后，衷心地感谢张颖昇女士、魏蔚女士、赵水英女士、李雪莉女士、游本章前辈以及马宁敏先生，在本书的写作过程中，他们给予了我很大的帮助和支持。在此郑重鸣谢！

宁国涛

2015年1月

目　　录

第一章　职场新人的八大军规 1

第1节　处理好"错综关系网"，开辟出职场平坦路 1

第2节　您不是师姐，您是我的上司 5

第3节　吕布最大的错并不是爱跳槽 9

第4节　职场聚会有讲究 11

第5节　恭喜你被利用的"价值"又大了 14

第6节　先量化，再说话 16

第7节　在"坏老板"手下"百炼成钢" 18

第8节　不要把"才"揣在"怀"里 20

第9节　多下蛋的母鸡能长寿 22

第二章　如何维护职场忠诚 24

第1节　别让这些能力在职场中退化 24

第2节　辞职后怎样做才够漂亮 26

第3节　如何治疗"转行焦虑征" 28

第4节　如何维护职场忠诚 31

第5节　向职场坏习惯说"NO" 33

第6节　把自行车及时锁上 37

第7节　职场中如何打电话 40

第8节　职场上不要当"月光族" 42

第9节　职场就像开车 44

第10节　换位有成本，跳槽需谨慎 47

第三章　不谈忙，谈成绩 50

第1节　不该忘记当初的承诺 50

第2节　想涨薪，找自己 52

第3节　向自己怠慢的那些工作道歉 54

第4节　如何把泥饭碗变成金饭碗 56

第5节　怎么排除职场上的"情感地雷" 57

第6节　老虎也有打盹时 60

第 7 节　离老板的秘密远一些 62

第 8 节　"夹心饼干"如何成为职场香饽饽 65

第 9 节　别在最能吃苦的时候选择安逸 68

第 10 节　不谈忙，谈成绩 70

第四章　向看不起你的人学习 72

第 1 节　承认自己的不完美 72

第 2 节　狐狸已经使上电磨了 74

第 3 节　普通话等级证不是"方言"的老大 75

第 4 节　收起你的熊猫脾气 77

第 5 节　向看不起你的人学习 78

第 6 节　别把跳槽变成了"跳坑" 81

第 7 节　每份工作都是营养餐 84

第 8 节　没有卑微的工作，只有卑微的态度 86

第 9 节　高人都是被吓大的 88

第五章　主动让别人看到你的价值 91

第 1 节　职场上的"分量" 91

第 2 节　主动让别人看到你的价值 93

第 3 节　不要轻易挂备胎 94

第 4 节　永远坐在公交车的前排 96

第 5 节　上帝只掌握了一半 98

第 6 节　比拿下一座城市的人更伟大 100

第 7 节　向王美女致敬 102

第六章　阿斗后面站着诸葛亮 105

第 1 节　别怕露拙 105

第 2 节　阿斗后面站着诸葛亮 106

第 3 节　时间不会撒谎 108

第 4 节　职场低潮时应该做的事 109

第 5 节　治愈职场新人的"三无"综合征 112

第 6 节　怎么做好部门经理 115

第七章 职场牛人为什么这么牛 119

第 1 节 职场上,千万别做这样的害群之马 119

第 2 节 清洁工大姐的职场逆袭 122

第 3 节 职场新人忌讳自来熟 124

第 4 节 八卦惊动 CEO 127

第 5 节 别把"卖萌"当捷径 129

第 6 节 职场牛人为什么这么牛 130

第 7 节 拉开差距的只是一张笑脸 134

第一章

职场新人的八大军规

第 1 节　处理好"错综关系网"，开辟出职场平坦路

一、最亲密的人在单位里也只能是同事

童梅在一家销售医疗器械的贸易公司工作。在工作中，她与公司同事董刚产生了真挚感情，两人确立了恋爱关系。

这家公司是家美国公司，代理国外的一些名牌医疗器械。童梅在销售部做部门经理，董刚是库房的主管，在工作中，销售部与仓库常打交道。

董刚工作效率不是很高，工作没有条理，眉毛胡子一把抓，整天像没头苍蝇般乱忙。公司在市区的写字楼里办公，仓库在郊区，两地之间有四十分钟的车程。童梅每次派人去取货，车到了仓库后，司机师傅总得等一个小时左右，因为司机师傅到后，董刚才让下属开始备货。一些顾客是出差到北京专门买配件的，还等着赶回去的火车呢，公司这样的"不慌不忙"，客户非常有意见。

司机每次去之前，童梅就指示司机提前给仓库那边打电话，让他们把货物准备好，可是，董刚干工作拖拉，总是司机去了才开始准备货物。

还有预定器械，客户的钱打来了，竟然买不到货，弄得客户非常郁闷，经常打电话投诉。器械不能及时发出去的原因是仓库里暂时没有这种型号的器械，既然仓库里缺货，为什么不提前进货？童梅非常窝火，打电话把董刚

严厉训斥了一顿，语言使董刚非常不适应。放下电话，他傻了半天，有点纳闷：这女朋友怎么说翻脸就翻脸？一遇到工作上的事情就"大义灭亲"。

客户的投诉电话也接二连三地反映到老总那里，那天，当着童梅的面，老总在员工会上把董刚训了一通，童梅虽然也心疼董刚，但是，中午吃饭的时候，童梅仍有说有笑的，一点都不闹情绪。大家都为她的气度而感到惊奇，有要好的女同事说："要是我是你，一定心疼死了，哪还有心情工作？批评你男朋友，你难道心里好受？哪还能笑得出来。"童梅认真地说道："董刚挨批评，那是他自找的！与我有什么关系？在单位，我与他只是同事关系，没有任何儿女情长，下班后我们才是恋人……"

职场小贴士：

不管生活中是夫妻还是恋人，在工作中，只能是同事。如果夹杂着很多的个人感情在里面，就会把单位的利益放在次要位置了，如果这样，就不会重视与珍惜单位的利益，而职场中每个人的小利益是与单位的大利益紧密联系的！不重视单位的利益也就是不重视自己的饭碗。

二、单位不是私人交际所

外企的工作压力大，因为不适应高强度的工作，每年都会有一部分人被公司辞退，人员流动特别大。为了把人员流动大对工作的影响压缩到最小限度，公司决定减少对外招聘，主要靠内部人介绍。例如，靠员工介绍同学、老乡、校友等。因为员工了解单位的高标准要求以及对方的实力，所以，这些新人来单位后，工作上手非常快。

童梅也介绍了几个亲朋好友进来，每介绍一个人，她都请人家吃顿饭，然后苦口婆心地说："这个单位非常不错，很正规很有前途，你既然来了，就要好好干，你不要说那么多感激的话，如果你真的感激我，就好好干工作，好好与大家相处，要与我保持距离，这样是对我最大的帮助与支持！如果工作干得不好，弄得我这介绍人在单位里也难做人。另外，在单位里，我们是同事关系，以后没有工作上的事情，我们尽量避免太亲密的接触，因为要避免拉帮结派的嫌疑……"对方立刻心领神会，连连点头答应。

童梅说得到做得到，在单位，一般没有工作上的事情，她从来不到其他部门去与"自己人"聊天。中午吃饭的时候，她也不与"自己人"出去吃饭，避免"瓜田李下"的嫌疑，介绍的亲朋见童梅这样，也就与她刻意保持距离。

单位里结帮拉派的现象非常严重，工作中常常钩心斗角，老员工带领自己介绍进来的新员工与其他的老员工搞窝里斗。很快，单位里就立了几个"小山头"，这些人把时间与心思用在闹内讧上，单位的总体业绩下降比较快，老总非常生气！

公司里的劳动合同是一年签一次，结果，在第二年签合同时，几个闹内讧特别厉害的老员工被单位辞退了，很多"内部引进"的员工也被淘汰，但是，童梅介绍的人没有一个被清退。她的亲朋都对她非常感激，觉得她很有远见。

从此以后，单位尽管依然用老员工介绍进来的新人，可是，用的比例已经非常少了。不过，只要是童梅介绍的，公司老总一般都用，其他的老员工心里虽然不舒服，但也提不出任何意见，因为童梅介绍进来的人没有给单位添过乱子，相反，还都以积极的工作来报答童梅的引荐之恩。

职场小贴士：

在单位里，千万不要搞"小山头"，不要钩心斗角。这一原则从大的说，保护了公司的利益。从自身来说，没有引火烧身。

三、单位不是"角斗场"

因为销售额计算错误的问题，负责统计的财务科长不承认错误，反而倒打一耙，说是童梅提供的数据错误才导致财务科计算的失误。童梅因此与财务科长吵了起来……

吵过之后，虽然也和好了，但是，就是因为吵了架，财务科长耿耿于怀，童梅报销出差费用什么的，老总都签字了，财务科长总是找种种理由拖延，为的就是发泄私愤。但是，童梅以单位的大局为重，不想让事态扩大化，于是，就忍耐下来，她笑嘻嘻地与自己的下属开玩笑说："晚报销几天就晚几天吧，我又不等着这钱买米买面的！"下属都说童梅太善良了，童梅摆手笑笑，什么都不说。

除了不善于团结同事外，财务科长的工作还是不错的，不但业务熟练，对工作也很敬业。可是，因为树敌太多，当新的一年里续签合同的时候，单位里一些人暗地里找老总反映，强烈要求辞掉财务科长。老总见这么多的员工都对财务科长有意见，犹豫之余，他找童梅谈话，想看看单位里这个平和公道之人是怎么看这件事情的。童梅实事求是地说："财务科长工作能力是有的，也很敬业，而且还是工作了将近十年的老员工，一下子辞掉，是不是有点不合适。另外，财务科长刚按揭买了房子，母亲又刚做了心脏搭桥手术，经济压力比较大，所以情绪有点波动，估计过完这段后，经济上缓和了，她的情绪就稳定了。"

老总早就听闻童梅与财务科长两人之间有着过节，见童梅还替财务科长说公道话，觉得童梅的心胸真够宽阔的。

老总听从了童梅的意见，不过，还是找财务科长谈了话，告诉她要与同事处好关系，很多人要"弹劾"她，幸亏童梅说了公道话，老总还把童梅的原话说了，财务科长非常感激。

自从那次"弹劾"后，财务科长非常受震动，自己也收敛了很多，不但与以前那些关系紧张的同事开始缓和关系，而且与童梅的关系更是很快亲密起来，两人成了好朋友。

职场小贴士：

童梅不仅在工作中非常勤奋，更难得的是，她处理那些棘手的"特殊问题"非常有一套，很有领导能力。于是，进公司三年后，童梅就被提拔为公司的副总经理，主管单位的人事管理。老总说："童梅最大的优点就是能把单位的利益与个人的利益分出轻重缓急，是职场上难得的人才。"

第2节　您不是师姐，您是我的上司

一

大学毕业后，简静进入了一家外资公司销售部门做销售助理。所谓销售助理其实就是销售部其他员工的保姆：接听不完的电话，发收不完的传真，做不完的标书……这个销售助理可不是好干的。销售部里那些牛气的销售员自以为有业绩，干出了成绩，根本没把简静放在眼里，动不动就拿一大堆传真让简静发，他们却在一边享清福，稍微有点怠慢就横挑鼻子竖挑眼的。

在简静之前，已经连续有好几个销售助理辞职了，因为这帮子大爷、姑奶奶太难伺候了。简静拿的工资不到他们平均收入的三分之一，但是却是他们全体人员的受气包。简静生气地想：这个助理我不会做久的，我以后一定要做销售员，并且做销售业绩非常牛的销售员。于是，她平时工作中留了个心眼，偷偷观察他们是怎么工作的，细细揣摩他们是怎么与客户电话沟通的，是怎么灵活报价的(价格可以适当地浮动)，仔细研究他们是怎样做标书的。销售部里的每个人都有自己工作上的长处，简静暗暗学习他们各自的优点，很快就对销售工作熟悉了。

销售部的经理余红是简静的大学校友，比简静高三届。当然，简静进这个公司与余红没有任何关系，她是公司人事部门招聘进来的。

余红知道简静是她的校友后，觉得特别亲切，工作之余，她就经常找简静聊天，有时候，工作不太忙，就找简静到办公室谈心。

每个员工进公司后都有三个月的试用期，而三个月后的助理转正是需要部门经理同意后，然后再上报给老总，老总批准以后，才可以转正。部门经理同意转正的，一般老总都会批准，也就是说，部门经理的态度对处于试用期的新员工的去留是非常重要的。

平心而论，简静的工作非常踏实，简静觉得自己一个外地人，读的大学也不出名，能在京城找份工作非常不容易，并且还是在外企。所以，简静非常珍惜自己的这份工作，从来不抱怨什么，干起工作来，像头不知疲倦的毛驴。

简静在单位对谁都客气，见谁都叫老师。销售部里的那些老员工虽然居高临下地使唤简静，但是对简静工作的勤奋和做人的谦逊还是很满意的，没有人对简静有任何意见。

简静和余红都是在西安的一所高校读的书，有着很多的共同话题和爱好：有几个教授都教过她们俩，都喜欢吃羊肉泡，都喜欢吃面皮，都喜欢逛繁华的东大街……

两人都喜欢看时尚杂志。那天，简静与余红讨论时尚杂志上的一篇《好女人都是狐狸精》的文章，两人哈哈大笑，余红说："咱俩也都是好女人，那么，我们也都是狐狸精。我比你大三岁，我是大狐狸精，你是小狐狸精。"

有天中午，大家都吃饭去了，简静去敲余红办公室的门并大喊道："大狐狸精，赶快去吃饭去！"门开了，余红满脸尴尬地望着简静，屋子里面，老总满脸疑惑地看着简静，估计她不明白简静怎么叫余红为狐狸精。

简静他们公司的老总是个女强人，最看重的就是自身的本事。简静没想到下班了，老总还在与余红谈工作，刚才的冒失让她和余红在老总面前都很尴尬……

二

因为简静在工作上非常敬业，另外，简静平时留心注意着其他业务员是怎么做业务的，学艺不如偷艺，简静感觉自己进步很快，于是就向余红申请要做销售员。余红也同意了，简静从伺候人的丫鬟(销售助理)变成了主人(销售员)。

干销售后，简静在工作上更加勤奋，她不仅经常自己掏腰包给客户寄上土特产，而且还隔三差五地给他们打电话联络感情，巩固关系。他们的亲朋在北京如果遇到什么难事，简静都尽量使用她那有限的社会关系帮助他们，整天忙得团团转。说句惭愧话，简静对客户简直比对自己的家人还要好，给家人没有给客户打电话勤，也没给家人寄过特产，除非过年回家，给父母买点东西。

简静对客户做出的种种努力终于有了回报，她的业绩上升得非常快。简静为了发展新客户，巩固老客户，忙得连星期六与星期天都休息不好，因为要请客户吃饭，而他们平时上班的时候是没有时间的。

就这样，简静的打拼换来了业绩的直线上升，但是，简静的成绩却遭到了销售部其他同事的嫉妒，她们风言风语地说余红把一些老客户的资料给简静了，说她跟准了领导，省了很多力气等。甚至还有人说如果不是余红帮忙，简静肯定过不了试用期。一个同事不知道怎么怠慢了客户，这个客户以后就跟着简静了，这在销售行业上也是普遍的现象，如果不是恶意挖客户，而是客户自己选择，单位一般睁只眼闭只眼，毕竟肥水没流外人田，单位的业务没有流失。

就是因为简静与余红走得比较近，看起来私人关系好像不一般，于是，就怀疑简静是从余红那里要的那个客户的资料，然后简静"死皮赖脸"地求着客户把业务给她做。这样的分析很符合"逻辑"，于是，简静成了小人。这个同事干脆就与简静吵起来，后来冲动之下，居然哭哭啼啼地说："太欺负人了，大不了姑奶奶不在这干了！"这事情闹大了，莫名其妙地把余红也牵扯进来了，余红与简静的私人关系也确实好，所以，余红百口莫辩，她没办法平息这件事情。

面对员工对自己的误解，余红联想到上次简静叫自己"大狐狸精"后，老总暗示她以后不要与个别下属太亲密，于是，为了在领导和下属面前显示自己的"光明磊落"，余红就开始冷落简静了。她要以牺牲与简静之间的友情来洗刷自己的"清白"，吃饭的时候也不再与简静一起出去，有时候见了简静，也只是淡淡地点一下头。为了以示"公正"，她故意给简静派了一些苦活，以表明她从来没有照顾过简静。订飞机票或者火车票一般是销售助理干的事情，但是，如果销售助理忙的时候，余红就把简静派去订票，这等于削减了她干本职工作的时间。

自从余红"大义灭亲"后，她又重新赢得了大家的尊重与拥护。

简静一下子被孤立起来，她感到自己到了一个荒凉的小岛上。简静反省自己，觉得自己真是幼稚，当初不应该与这个师姐走得这么近，在职场上，只有同事与同事以及同事与上司的关系，绝对没有师姐、师妹的关系。自己平时在她办公室里与她长聊，表现了很多与她关系亲密的举止，这些其他同事看了自然心里有想法，当简静取得突出成绩的时候，人家自然想到是因为简静"功夫在诗外"的原因。

从此以后简静默默地工作，开始夹着尾巴做人，简静依然勤奋地工作，经历过这些事情后，她坚定了一个信念：在职场上，不要指望着别人，一切都要靠自己。简静以前是这么认为，经过了这些事情后，简静更加坚定地认为，职场没有救世主，一切都要靠自己。

三

很快，简静从以前没有城府的疯丫头变成了沉稳的人，如果说职场成长需要付出代价的话，那么，简静在销售部被当成孤家寡人就是给她上了沉重的一课。

简静振作精神，不把坏情绪带到单位，她勤奋地工作，每天来办公室都要打扫卫生。早晨见了每一个人，不管是领导还是普通员工，不管是本部门的还是其他部门的，简静都像以前那样主动问好。尽管北京的交通堵塞，简静每天总是起得很早。早到单位，因为这样不但可以打扫卫生，而且可以提前进入工作状态，那些踩着钟点进来的或者还吃着最后几口早点的同事，注定要经过一些时间才会静下心来进入工作状态。

简静不但把本职工作干好，还干了很多额外的工作。老总看在眼里，觉得一个人任劳容易，但是任怨却非常难，她就对这个勤奋踏实的女孩有了非常好的印象。后来，当公司的仓库主管跳槽后，老总就把简静提拔为仓库主管，工资一下子涨了不少。

仓库在郊区，人员构成简单，简静能在那里安心地工作，心里一下子轻松起来。

简静被提拔后的半年，余红从销售部部门经理的位置上提升为公司的副总，主管销售部、行政部、仓库。

为了以后把工作干好，取得几个自己分管部门领导的大力配合与支持，余红在一个星期天，专门请简静他们几个在饭店吃了顿饭。吃饭的时候，余红很亲热地与简静碰杯，说道："师妹，以后师姐的工作，还得需要你大力支持啊！"简静点了点头，没说什么，简静抬头把一大口白酒饮了下去，酒很辣，也很呛人，简静的眼泪一下子被呛了出来，余红赶快过来给简静拍背，关切地说："别喝得太猛，呛着就受罪了！"简静强作笑脸地点了点头。

职场上高升，是件值得高兴的事情，余红兴奋之余，把她和简静以前的不快忘记得一干二净，一口一个师妹，但是简静表现得很有分寸，根本没有热烈地响应。

那天吃饭的时候，简静一直都恭敬地称呼余红为"余总"。当最后走的时候，余红要留简静一起逛街，简静借口自己还有事情，然后与一个同路的同事一起打了辆出租车。

简静坐进出租车的时候，余红摇着手说道："师妹，再见啊！"简静礼貌地点点头，但是，却始终没有叫"师姐"这两个字。

当出租车开动了的时候，简静在心里默默地说："余红，你不是我的师姐，你是我的上司。"

第3节 吕布最大的错并不是爱跳槽

数年前，我在一家公司和齐琼是同事。当时认识齐琼的时候，他刚从另外一家同行公司里跳槽过来，他的办公间与我相邻。上班的第一天，齐琼被老总叫到办公室里聊了一个上午。上午下班的时候，齐琼才美滋滋地从老总办公室里出来，看他眉开眼笑的样子，好像很受老板的青睐，好像老板许诺给他种种好处，他的这种表现惹得我们这些老员工都有些嫉妒。我们都是工作 N 年的老员工了，老总什么时候和我们谈了一上午的话？当初我入职这个单位的时候，老总把我叫到他的办公室里单独谈话，说什么既来之则安之，跟着他干，他不会亏待我，前后说的不到十句话，最后像点句号一样，在我肩膀上拍了拍，以示鼓励，也以示他的谈话结束了。我赶紧响应老总亲切的拍肩，对他的讲话表示感谢，对他给我画大饼的许诺赶紧以画大饼的感激回报，然后在老总满意的点头和亲切的笑容下，离开了他的办公室，接着通知老总计划与之谈话的"下一个"。与齐琼相比，我那接待简直是流水线式的接待，明显的受轻视程度与齐琼相比多了几十倍。

过了半个月后，我和齐琼熟悉了。一次中午一起在单位附近一饭馆吃饭的时候，我羡慕地说："老板对你很重视，你第一天上班就和你聊那么久，太让人羡慕了！"齐琼高兴得龇牙咧嘴的，嘴里的面条也顾不得嚼了，就那么含着半嘴的面条说："那天老板主要问我上家公司的经营情况，我把我知道的都告诉老板了。你知道吗？我原来公司的实际情况并不是你们看到的那么风光：老板与老板娘离婚了，他们怕对客户有影响，担心客户不看好公司的未来，他们就没有把离婚的事情向外公布。还有那写字楼，他们公司不是在黄金地段有几层写字楼吗？大家都羡慕得不得了，说那房子贵的很，就靠那几层写字楼我们老板以前就能当土豪。我和你说，那几层写字楼都抵押出去了，上次银行上门送书面通知了，如果再不还贷款，就要起诉，就要拍卖写字楼了，害得老板一夜之间，嘴巴上长了个大水泡，出来进去地捂着腮帮子，貌似牙疼得很厉害，后来那银行的贷款还上了，但是，那是我们老板冒死借的高利贷啊，利息是银行的好几倍，我们老板等于从东墙拆个大窟窿来补西墙的这个小窟窿啊……"我吃惊地看着对面满嘴面条兴奋得脸涨得通红的齐琼，我知道这小子在我们单位根本待不长，因为嘴巴如此不严把上家秘密乱说的人，脑门上等于长着反骨，他到下一家工作后，肯定会把我们公司的所有的机密情况通通说出去。

果然，又过了半个月，在齐琼来我们公司刚满一个月的时候，他被人力资源部通知试用期没有通过，让他领工资走人！他临走的时候还向我唠唠叨叨地抱怨："我是工作五年半的职场老人了，怎么过不了试用期？真是奇怪！再说，试用期不是三个月吗？怎么提前就把我淘汰呢？"我嘴里没有说什么，心里说，什么都不怪，怪就怪你嘴巴太不严，整天叽叽叽地乱说话。

吕布当初最大的错不是跳槽，而是向前老板发难坑害前老板，结果最后吕布死得很难看，死得很窝囊。职场也是如此，跳槽可以理解，但是千万不要拆前老板的台，千万不要向前老板发难，要不然，下场也不会美妙。

第4节　职场聚会有讲究

职场中常有一些公司组织的聚餐、年会、度假等活动，这个时候，一些领导好像放下了架子与员工同乐，一反常态显得很亲切，这个时候，员工们最容易放松自己平时的严要求而真的与领导们打成一片，这样的"幼稚"往往会产生不良后果。

敬酒时"宁少一村，不少一家"

庄敏公司去年聚会的时候，她的桌子与老总的桌子比较近，于是就想去敬老总酒，老总本来就是个平和的人，现在气氛热烈，女下属敬酒，老总很爽快地喝了。敬完老总后，庄敏又去敬常务副总。常务副总酒量不行，但是，也很给下属面子，喝了一杯。这个时候，这桌就有人打哈哈说道："两位领导代替我们就行了，我们这桌子其他人免了！"闻听此言，庄敏真的把这桌子免了。

公司有位方副总平时爱喝酒，员工们平时敬他酒，他宁愿"横"着被人抬上车送回家也不会拒绝别人的敬酒。那天，方副总已经做好了被庄敏敬酒的准备，见她敬完酒后没有搭理自己转身就走了，方副总有种被"闪"了一下的感觉，心里很不舒服。

方副总分管庄敏所在的市场部，由于"敬酒事件"结下了梁子，于是，方副总从此就看庄敏不舒服。后来，市场部的部门经理被调到分公司担任经理去了，庄敏这个全部门资历最深的、工作业绩最好的员工是担任部门经理的最合适人选，并且离任的前经理推荐的人选就是庄敏，私下里已经开始有人叫庄敏"经理"了，庄敏也半推半就地答应了。没有想到的是，过了几天，霹雳一声惊天响，最新的经理居然提拔的是另外一个员工，这让庄敏非常震惊，百思不得其解，于是拐弯抹角地咨询方副总，方副总打哈哈道："你是个很好的员工，但是，不适合担任领导，因为你的情商太低了！"庄敏听方副总这么说，回去抱着脑袋想了一上午，也没有想明白原因。

职场小贴士：

　　职场中，有时候考虑不周到，就会产生厚此薄彼的误解，就会被"没有重视"的人记在心里。因此，行事要谨慎，不要因为这样的小细节而和别人甚至是领导结下梁子。

12

别和麦霸领导试比高

　　周亮有副好嗓子，平时喜欢唱歌，周末的时候，他常常邀请三五个好友去 KTV 包房唱歌。那天，公司去郊区一家度假村开年会。年会后，公司又把舞厅包了下来，其实，包舞厅并不是想跳舞，而是老总想在台上唱歌。老总喝了些酒，有些兴奋，再加上他平时也喜欢唱歌，于是那天在台上一首接一首地唱，员工们都坐在下面为老总鼓掌叫好，老总很是兴奋，更是把麦霸进行到底。

　　有个副总开玩笑说道："老大，你别自己在那唱啊，要与民同乐，也让大家唱啊！"老总哈哈大笑："明明两个麦克风，那个麦克风在那闲着呢，你以为我喜欢自己唱啊？我倒喜欢有人和我一起唱，这样才会更有气氛！"听老总这么说，大家依然没有动静，但是，周亮坐不住了，他跑上台和老总同唱起来。尽管灯光较暗，大家依然能看出老总的脸色越来越不好看，因为周亮的嗓子太好、太亮了，把老总比了下去，老总后来干脆下台坐在沙发上生闷气。周亮唱得很高兴，以为老总是正常的休息。

　　大家都看出老总为什么生气。尽管老总是个真性情的人，他并没有把这点小小的不愉快放在心上，但是，周亮的一些同事生怕老总对周亮有意见而祸及自己，于是……

职场小贴士：

　　老板也有一些小小的虚荣心，希望自己被当做多才多艺而被部下膜拜。如果与老板平分秋色甚至风头盖过老板，也许老板很大度，事后并不在意，但是，会有一些员工为了讨好老板而故意冷落你。

不要懒得鼓掌

　　一次，公司聚餐过后，大家还不尽兴，于是去一家 KTV 唱歌。按照两个部门一个大包间的形式自由搭配，苗莉所在的市场部与财务部同在一个包间。财务部主管爱唱歌，拿着麦克风连续唱了五六首歌。因为苗莉平时工作没有与财务部有交集的地方，再说了，财务部的主管只是管理财务部，与市场部无关，有着如此狭隘的思想和浅薄的认识，在财务主管每唱完一首歌，大家都鼓掌叫好的时候，苗莉不加理睬，只是在那里自顾自地吃水果。苗莉的眼角余光发现财务主管在频频看她，苗莉心里说：看什么看？再看我也不给你鼓掌，你唱你的歌，我吃我的水果，咱们谁也别影响谁！

　　这个事情就这么过去了，苗莉也没有觉得有什么不合适。只是没有想到，半年后，财务主管升职为副总，管理财务部、市场部和行政部。苗莉心里暗暗叫苦，后悔自己手为什么那么没有出息？为什么只知道拿水果吃而不知道鼓掌？副总明显没有修炼到宰相肚里能过航空母舰的地步，也可以理解，毕竟大家都是凡人。苗莉想弥补自己的过失，再次聚餐的时候，她脸上笑成一朵花积极主动地向副总敬酒，但是，副总已经对苗莉不感兴趣了，她懒洋洋地和苗莉碰下杯，对于苗莉的一饮而尽无动于衷，只管把

13

自己盛满酒的杯子放在桌子上，然后和身边的人继续聊天，好像苗莉专门站着的一饮而尽与她没有任何关系。大家都是聪明人，一看副总对苗莉不感兴趣，于是，一些势利的人也对苗莉不感兴趣了，包括苗莉的部门经理。苗莉有时候在心里恨恨地骂这些人都是势利眼，但是骂后，她自己就觉得脸红，因为自己何尝不是这样的？按照同事的交情和礼节，没有升职前的副总当初 KTV 唱歌的时候，自己是应该鼓掌的，但是，就是觉得她当时对自己的工作没有任何联系，因此懒得鼓掌。自己何尝不是势利眼呢？弄得如今如此被动，也算是自作自受！

做个积极的热情的人吧，同事需要鼓掌的时候，不要吝啬自己的掌声。

职场小贴士：

有过台上演出经验的人都知道，唱歌等形式的演出节目，最害怕冷场了。站在台上，总希望台下鼓掌的人多些热烈些，总希望自己不要受到冷场的尴尬，希望能得到鼓励。这个时候，如果不鼓掌，那就显得失礼，显得不友好不和谐。于是，以后共事的时候，就会影响和谐。万一对方升职了成为自己的"现管"或者"现管"的上司，那就麻烦了，就有可能陷入职场人际方面的被动局面。

第5节　恭喜你被利用的"价值"又大了

去年，刚参加工作不久的小表弟找到我发牢骚，他发牢骚的原因是心情很不爽：我们那就是个十多个人的小型广告公司，老板每天让我干这干那的，又是搞策划又是跑印刷，甚至还让我亲自给客户装霓虹灯，我们老板就是觉得我年轻精力充沛，他老是在利用我！表弟说的时候恨恨地，好像他们老板可恶得需要就地挖坑活埋一般。

我觉得我表弟脑子太混乱了，有必要帮助他捋一捋。

我问他："你老板既然老是利用你，你干脆辞职不干了，别让他利用就是!"表弟听我这么说,刚才还火气万丈的,一下子英雄气短了,他的声音从咆哮变成了小声嘀咕:"辞职了,我上哪领工资啊!"我说道:"你可以再找工作啊,找个不利用你的,把你请到公司当爷供着的,不干活给你发工资的!"表弟脸红了:"哥,你这是讽刺我吧?哪有这么好的地方?"我乐了:"我没有讽刺你,你能知道没有这么好的地方,说明你脑子还算没有彻底糊涂!如果你没有利用价值,人家老板招聘你干什么?招聘你过去就是让你出力,让你干工作的。你们是小公司,缺人手,老板只能一个人当两个人使,还是那句话,你如果不想干,可以辞职,如果思想上有包袱闹情绪消极工作不好好干,你只能被老板解雇,就这么简单!还有,你被老板利用的价值越大,你对老板越重要,老板越会担心你跳槽,于是就会挖空心思挽留你!就会重用你会给你高薪……"听我这么说,表弟也不郁闷了。愁眉苦脸而来,欢天喜地离去。

表弟想通了,不再为被老板"多利用"而郁闷了,当老板给他安排比较多的工作的时候,他变得很高兴,他觉得这是老板重视他的表现,是相信他的能力,如果不是相信他的能力,怎么敢把这么多的工作放手让他去做?因为心态端正了,工作状态就显得很上进很积极,干着繁重的工作却满面春风,老板看着心里很是欣喜,觉得自己有这样的员工真是自己的福气!

今年年初,一家风险投资基金给表弟老板的公司投资了五千万人民币。公司有钱了,为了发展的需要,老板立刻招兵买马。各个部门很快成立了,公司走上了正规的轨道。表弟被公司提拔为策划部经理,刚刚毕业不到两年的表弟就这么当上了部门经理,工资是以前的三倍。

表弟职场高升的那个周末,他来我家看我,我开玩笑道:"恭喜你被利用的价值又大了!"表弟高兴得眉开眼笑的,然后一个劲地感谢我把他当时混乱的思路给理顺了。

好好地挖掘你的职场"被利用价值"吧,开发得越好,职场中被利用的价值越高,你的身价越高,职场前程越好。

职场小贴士：

职场中，需要理顺思想的上班族还很多，这些人有些钻牛角尖，老是心里怨恨老板想方设法"利用"自己，他应该想明白，当初自己辛苦地去人才市场求职，辛苦地在网上到处发简历，不就是为自己的"被利用价值"寻找客户吗？求职简历中把自己夸成一朵花的实质不就是向招聘方夸耀自己"很有被利用价值"吗？当初就是为自己的"被利用价值"寻求出路的，怎么真到了职场后反而会为自己的"利用价值被多多开发"而愤愤不平了呢？

职场被利用价值决定了你在职场中的发展，你明白自己该怎么做了吧？

第6节 先量化，再说话

职场中，因为种种原因，领导分配给某个下属的工作任务非常多，工作量非常大，背负着超负荷的工作，当事人自然非常憋气。工作压力大、超级忙再加上憋了一肚子的气，很容易和领导大吵大闹："我的工作这么多，你难道真的不知道吗？真是忙的忙死、闲的闲死，你会不会当领导？是不是想把我累死……"这种撕破脸的发难效果一般不会好，即使领导意识到自己当初安排工作任务的失职，心中会有些愧疚，但是，见下属因为工作量的事情而与自己公开叫板，领导心中的愧疚会很快一扫而光，代替的是"把错误坚持到底"的打压，下属和上司发生这样的交锋，要么就是被迫辞职走人，要么就是度日如年地在上司手下继续尴尬而憋气地工作。

我担任人力资源部经理的时候，手下一个人事助理就把这个事情处理得很好。当初，老总没有正确认识到我们部门工作任务琐碎而繁重的问题，我们部门原来有三个人，后来，因为行政助理跳槽，为了节约成本，公司没再给人力资源部增加人手。一个六百多人的中型公司，我们人力资源部只有我和人事助理两人。由于我经常要参加公司的一些会议，另外，按照老总亲自安排，我还得对公司的中层干部进行绩效考核，整天工作非常繁忙。公司的招聘、入职手续的办理、离职手续的办理等工作都是人事助理一个人干。

有天，我刚开完会回到办公室，人事助理拿出写得密密麻麻的几页纸给我看：经理，这是我近期的工作详单，你先看看工作量，然后再请您考虑下咱们部门需要不需要招人。

我看着这份详细的工作清单，清单中从几点开始审阅招聘信箱的简历，几点简历看完然后挑选优秀的人选再打印出简历，中间还办理了两位新人的入职手续和一个离职员工的离职手续。另外，一个已经辞职几个月的员工纠结以前的加班费问题找人事助理讨说法，并且扬言要起诉公司，人事助理与他沟通了近 70 分钟，对方终于答应了公司给予解决的条件，这个电话一直打到中午十二点四十分，也就是说下班已经四十分钟了，人事助理还没有吃饭，然后就是吃饭归来的同事给她带的盒饭。人事助理快速吃完盒饭，然后一路小跑去了个洗手间，接着就是带领近期刚入职的员工进行公司内部培训……工作安排得紧紧的，下班后又加了一个小时的班，但是，依然有很多工作没有干，没有干是因为人手太缺，根本不是人事助理不努力的问题。

确实是工作负担太重，看完这个工作量的详单后，我感觉非常不好意思，决心要再招一个人。如果不招人，以后人事助理的一些工作无法按时完成，我还真无法批评她，因为如果批评她那就是故意刁难人家故意找茬了。

我写了个工作汇报，汇报近期我和部门的工作状态，报告交给老总审阅，老总花了大约三分钟的时间浏览完，考虑了一会，拍板道："看来人力资源部确实非常需要人手，那你们部门就加一个人吧。"

大功告成！

职场小贴十：

职场中，遇到工作任务非常繁重的时候，请列一份工作详单给领导看吧，先把工作量化，然后再说话，这样的效果一般都会比较好。即使领导没有办法解决人手问题，那么在你以后工作不能按时完成的时候，领导也不会再批评你了。

第7节 在"坏老板"手下"百炼成钢"

于扬大学毕业后进入北京一家图书公司做编辑。让于扬非常郁闷的是，她的老板对员工非常严格，简直严格到苛刻的地步。

老板要求编辑不但约稿、改稿、校对，并且还要写好这本书的宣传策划。

于扬编辑第一本书的时候，她以为自己已经修改得非常好了，于是交给部门主任审阅。部门主任看后，觉得没有问题了，就送到老板那。谁知，一天后，老板铁青着脸走过来，把厚厚的一摞书稿往于扬办公桌上重重一拍："里面有两处语句不通顺的地方，修改好后给我！"于扬鼓足勇气问："陈总，那两句不通顺的地方在哪呢？我现在就修改！"老板生气地瞪了她一眼："哪两句不通顺？这应该问你自己，这是你作为编辑的职责，你自己找吧，自己找出的毛病记忆才会深刻！以后不要把不通顺的句子给我看！"说完，气冲冲地走了。

于扬废寝忘食地把这部二十万字的书稿反反复复地看了一个星期，终于找到了两句不通顺的句子，修改好后，于扬把书稿交给了老板。

没有想到，于扬遭受到老板更严重的批评："我告诉你有两句不通顺的地方，你就仅仅查找句子？这么一本书，我发现了二十多个错别字，你怎么看不出来？"于扬感觉很委屈："二十万字的书才二十多个错别字，相当于一万字不到两个。那些大报都允许有错别字，规定错别字可以在万分之几内，咱们这咋要求这么严格？"老板生气地说："虽然大报规定了可以有万分之几的错别字，但是，真正出版的报纸，你能看到几个错别字？你不要再狡辩说什么人家有专业的校对员！校对员是人，编辑也是人，为什么编辑就不能具备校对员的专业素质？"于扬不吭声了，但是，内心对老板的严格很是报怨。

为了减少被老板批评，于扬不但从网上下载了一些类似"常见错别字"来熟记，而且还利用周末去图书馆查阅专业杂志《咬文嚼字》，一期期地认真翻看，把上面列举出的比较生僻的"错别字"都记在笔记本上，一有时间就翻笔记本查阅默记。因为老是研究错别字，于扬很快形成个"职业习惯"，在大街上看商店招牌，都得挑挑有没有错别字，在家看电视剧的时候，她紧盯着下面的字幕，也是在挑错别字。很快，于扬的校对水平迅速提高，二十万字左右的书稿，经过她校对后，错别字率不会超过十个字，相当于一万字最多出现 0.5 个错别字，这种校对水平简直比专业校对员还厉害。

于扬在这家图书公司工作了一年，练就了专业编辑、专业校对、专业图书宣传策划三种本领。后来，一家著名出版社招聘编辑，于扬偷偷前去应聘，去了现场，才发现竞争非常激烈，几百位名牌大学毕业生竞争两个名额，并且这些人大多数是中文、图书出版等相关专业的毕业生。于扬只是本科生，她对自己很没有信心。

看到笔试的考题，于扬大喜：主要是如何找选题、如何约稿以及现场修改稿件、校对，另外还有道策划题，就是列举了一本情感长篇小说的大致内容，然后给这部长篇小说做宣传策划。这些考题简直都是自己一年来工作中多次重复的工作内容，于扬信心百倍地挥笔答卷。

于扬以笔试第一的成绩被这家著名出版社录用。

从图书公司离职的时候，老板找于扬谈话："我以前是在一家大型图书公司打工的，积攒了一些钱后就办了现在的这个图书公司，虽然这个公司与创业时相比，有了比较大的发展，但是，我还是没有能力给大家提高薪酬，这是我很惭愧的事情。对于你跳槽，我很理解，毕竟人应该往高处走的。从另一方面说，我也很自豪，因为从咱们公司出去的人都能进入大牌出版社，这就证明咱们的员工都是高素质。有人开玩笑说咱们这个小图书公司简直就是出版业的'黄埔军校'，这让我很得意。如果我平时对大家不是要求得那么严格，哪有大伙职场上美好的今天和明天？因此，希望你对我以前的严格能理解……"听老板这么说，于扬心中对老板的抱怨一下子转变为感激。

职场小贴士：

职场中，对员工业务水平、工作能力要求严格的"坏老板"其实很值得员工们理解和珍惜，因为这样的"坏老板"能让你在职场中飞快进步，能让你在职场中"百炼成钢"，学得一身职场真本领的员工踏上职场大道的时候，回想起"坏老板"，心中充满的只能是感激……

第8节　不要把"才"揣在"怀"里

作为公司的人事主管，员工的离职谈话是我进行的，其实就是安抚员工，和员工谈判，尽量满足员工的被解雇赔偿金等。对于主动离职的员工，人事主管也要找对方谈话，目的是弄清楚为什么辞职，如果是公司的过错，以方便公司进一步规范改进。

那次，我找宋坤谈话，他是公司研发部的职员，是毕业于一家著名工科院校的研究生，当初我们老总也是看中他的学历，当即拍板要了他。遗憾的是，他进公司两年了，工作上一直很平庸，老总后悔自己看走眼了，就想找机会把他解雇，没有想到，在被解雇之前，他居然主动辞职了。

按照公司程序，我找宋坤谈话，问他为什么辞职。他长长地叹了口气，说道："怀才不遇！"然后一脸怨愤地望着天花板。我说道："你知道的，咱们公司在行业内也算是数一数二的大公司了，进来并非易事！当初老总面试你后拍板让你进来，并且破例没有给你试用期，直接让你转正，这本身就是非常信任你的能力，就是重用，你怎么还说'怀才不遇'？"听我这么说，宋坤怨愤的表情有所放松，眼睛也从天花板上移了下来，他依然愤愤地说："老总对我重用？你看看新提拔的研发部副经理，就是个大专学历，现在大专学历的都成我上司了，还说对我能力的信任，对我重用？我就是被公司气走的！"听宋坤这么说，我说道："是的，新提拔的研发部副经理是大专学历，那是因为当初公司刚成立的时候，由于待遇差，不好招人，于是把他招了进来。他虽然是大专学历，但是，他在这里工作已经九年了，一直都非常勤奋地工作，对于公司产品升级换代出了很大的力气。去年上半年的时候，咱们公司的产品在市场上一度被同行业的一家公司升级换代后的产品打压得很惨，老板急得不得了，后来还是他带着一个公关小组把咱们的产品升级得比对方更先进，咱们的产品在市场上的危机才算解除，他为公司立下了汗马功劳，老总提拔重用他也是理所当然的！"宋坤撇嘴道："就他那个所谓的升级换代啊？我和你说，我的思路当时和他那个研发小组的思路是一样的，如果我加入那个团队，那个研发小组就会避免走很多弯路，至少早成功一个月！"我笑着说："你这简直是讲故事呢，没有实现的东西不要讲！"宋坤见我如此轻视他当初的思路，急得竖起手掌就要发誓，我劝说道："你不用发誓，再说了，发誓也没有任何意义，关键你没有把你的本事拿出来，没有让老板看到你的本事，老板看到的只是你一天天的碌碌无为。我和你说，幸亏你辞职了，如果不辞职，公司也准备把你解雇掉！"宋坤惊讶地张大嘴巴，好半天才合拢上。他不再怨愤了，神情开始沮丧起来，甚至还有些后悔。我问道："是不是后悔没有把真本事拿出来？"他点点头说道："是的，确实后悔了，你说的对，即使有天大的本事，但是，如果不拿出来给别人看，别人也不会对你刮目相看，也不会重用你，我当时觉得公司产品的升级换代是老员工应该操心的事情，毕竟他们的薪水比我高很多，我觉得自己拿多少薪水就操多大的心，于是，当时就没有把自己的思路说出来……"

宋坤后来去了一家同类公司的研发部工作，短短一年，就因为研发业绩脱颖而出，不久宋坤被老板提拔为研发部经理。不用说，他是把自己的才能拿出来给老板看了，没有把才华揣在怀里，因此才受到老板的重用的。

职场小贴士：

职场中，很多时候"怀才不遇"非常正常，那是你把"才"在怀里揣着没有给别人看，特别是没有让老板看到。如果你把自己的"才"毫不保留地拿出来让大家特别是老板看到，那么，你的"才"有多高就会受到相对应的重视。

第9节　多下蛋的母鸡能长寿

梁爽是我的一个同事，六年前，我们一起进入一家公司。

我们公司成立也就六年，当初，公司刚成立的时候，由于工资一般、福利一般，并且在偏远的郊区，很多人不愿意来。因就业不容易，我们没有资格挑肥拣瘦，刚从大学毕业的我和梁爽等几个人进入了公司，我们算是与老板一起创业的元老。开始，公司条件确实很辛苦，公司甚至无钱请厨师做饭。于是，以前从来没有做过饭的老板从简单的煮面条开始学做饭，后来跟着一本菜谱学做菜，每天四顿饭(加班时有夜宵)都是他做，说实话，老板最辛苦，压力最大，不但想着经营、想着管理，而且还得想着每天做什么饭炒什么菜。

在老板的带领下，在大家的齐心协力下，公司获得了很好的发展，有了比较可观的盈利。公司成立第三年，发展得不错，在行业内渐渐崭露头角，一些投资基金纷纷跑来投资，我们老板接受了三家风险投资的融资，总共投资数有七千多万元。公司已经走上了正规的通道，再加上资金的支持，公司开始了快速的发展。公司不断地招兵买马，在公司的发展过程中，我们几个创业元老也被提拔为公司的中层干部甚至是高层(有个创业元老当了公司的常务副总)。第四年的时候，公司就从九个人的小公司发展成了三百多人的中型公司，这个发展速度确实比较快。

公司发展起来了，我们几个创业元老也得到了很多的实惠，例如我和梁爽等人的工资就从当初的两千多元变成了两万多元，大家干劲更足了。但是，梁爽除外。梁爽见我工作依然那么卖力，就嘲笑我："我看你就是卖苦力的命，以前你们部门就你一个人顶着的时候，什么工作都是你一个人去忙，可以理解，公司小、公司穷、公司请不起那么多的人来工作，但是，现在不一样了啊，现在咱们公司已经发展起来了啊，你手下也有十多号人了，兵强马壮的，你就把工作让他们干，你自己完全可以腾出身享受公司发展带来的胜利果实啊！"我听她这么说，不以为然地回答："你千万别这么想，老板都没有享受，老板现在比以前更忙了，我们打工的有什么资格享受？"梁爽很有派地耸耸肩，表示对我说的话感觉"不可思议"。

梁爽拿着两万多元的月薪，每天就是在网上聊天、逛网店或者打电话与朋友聊天。公司给她全额报销的电话费绝大多数都是她和朋友聊天用了。

群众的眼睛是雪亮的，老板的眼睛更没有瞎。不管是老板还是梁爽的下属，对梁爽都很不满，下属私下里讽刺道："我们整天累死，我们的部门经理整天闲死。梁爽，她爹妈真会起名字啊，又凉快(梁的谐音)又很爽！"员工的牢骚传到老板的耳朵里，原本就对梁爽憋了一肚子火的老板无法容忍下去了，老板随便找了梁爽几处工作失误的地方，然后把她解雇了！

被公司解雇的当天晚上，梁爽气急败坏地给我打电话："咱们都是创业元老，我的今天就是你的明天，与其到时候被动，不如变被动为主动你提前跳槽，省得落到我这样的卸磨杀驴的下场！"听梁爽怂恿我辞职，我说道："我目前没有跳槽的打算，我觉得我干得挺好的，你被公司解雇，你怪不得别人，只能怪你自己，我以前也劝过你，可是，你不听啊！"梁爽很恼火地说："你真是愚忠啊，你我都是这个公司的元老，如今我是这下场，你以为你以后就可以幸免？拉倒吧，别做梦了！"我说道："我不是愚忠，更不是做梦，我来给你讲个故事吧。一只小鸡问母鸡：妈妈，你以前下了那么多的蛋，为什么不好好休息一下呢？看在你以前下那么多蛋的份上，主人也会让你休息一阵子的！妈妈回答说：千万别指望休息一阵子，如果长时间的休息，主人会杀了我的。所以，要想活得时间长久些，作为母鸡，就得不停地下蛋……"我讲完这个故事后，电话那边的梁爽沉默了，过了一会，她说道："你是对的，停下来不下蛋的母鸡会丢命，一直辛苦下蛋的母鸡，主人会珍惜它，这样的母鸡自然会长寿，谢谢你，我找到我的问题了。我就不应该居功自傲地闲待着，如果我一直'下蛋'，一直认真工作，老板绝对不会找辞退的。"

职场小贴士：

职场中，一些人以为为公司做了一些贡献，就可以工作偷懒，而不知道多下蛋的母鸡才会长寿。职场中，只有忠诚的员工在职场中才会"长寿"。

23

第二章

如何维护职场忠诚

第1节　别让这些能力在职场中退化

职场中，随着时间的推移，一些重要的职场能力开始退化，这些都应该引起职场人的警醒，应该阻止这些能力的退化。

工作激情的退化

骆琪大学毕业后进入一家公司的人力资源部做人事助理。她工作的内容就是每隔一段时间就在专业网站上发布招聘信息，从公司的招聘信箱里初选出面试备选人的资料，然后交给经理敲定面试名单，再一一电话通知他们在某天前来参加面试。面试当天，骆琪要接待前来求职的人员并维持面试现场外围的秩序。另外，给新人办理入职手续以及给离职人员办理交接手续，也是骆琪的工作内容。开始的时候，初进职场的骆琪非常兴奋，工作很有激情。半年过后，骆琪感觉自己已经没有工作激情了，很多工作，如果不是经理提醒和督促，她都懒得主动去做，严重地影响了工作效率，领导对她很是不满。

职场小贴士：

很多上班族刚进入职场的时候，对工作充满了期待和炽热的激情，希望自己在职场上能有所建树。但是，随着平凡岗位上日复一日的时间推移，随着对工作的熟悉，很多工作流程和工作模式都已经烂熟于心，于是，当初刚进入职场时候的新鲜感很快消退，工作的主动性大大减弱，工作激情开始严重退化，于是在工作上就会得过且过，就会原地踏步走，这样的状态会严重影响职场发展，严重时甚至会岗位不保。

要想保持自己的工作激情，就必须给自己定个职场目标，计划自己几年内升到什么职位或者工作成绩干到什么高度。有了奋斗目标，工作时就会有奔头，就会激情不退，就会在平凡的岗位上做出不平凡的业绩。

学习能力的退化

刚开始担任出纳的时候，邢星感觉自己的工作能力没有一点问题，但是，随着会计的跳槽，自己转到会计岗位后，邢星感觉自己的工作有些力不从心。后来，因为公司的产品开始进入欧洲市场，去海关报关的工作也交给邢星去做，邢星更是感觉工作非常吃力。

其实，邢星一直想给自己充电，但是，由于已经结婚生子，家务活占据了邢星很多的时间和精力，她感觉很少有时间去充电来提高自己，另外，就是学习也感觉记忆力大不如从前了。

25

职场小贴士：

因为生理等其他因素造成学习能力的退化，其实，这样的状态完全可以扭转。上班族可以合理地安排好自己的家中事，然后参加相对应的学习班来补充自己工作能力的缺陷，同时还可以将自己在实际工作上的难题向培训班的老师或者网上认识的行业高手进行请教，在答疑解惑中会很快进步。另外，利用平时上班时候的工作间隙，可以在网上浏览些本行业的资讯，经常下载一些值得学习的资料，让自己平时就处于一种学习的状态中，这样，就可以大大阻止自己学习能力的退化。

危机意识的退化

在这家数码产品公司成立之初，张亮就进入了这家公司的研发部，整个研发部，除了经理外，就数张亮的资历最老了。由于张亮属于公司的"老人"，因此，部门经理平时比较给面子，对张亮很客气，其他人也都比较敬重他。所以，在部门里，张亮感觉人际关系非常简单，工作得非常轻松。

张亮所在的研发部其实是个藏龙卧虎之地，很多人虽然年轻，资历比张亮浅，但是，由于专业知识扎实再加上勤奋，他们在研发上都取得了优异的成绩，使公司的系列产品更新换代，为公司创造了很大的经济效益。

后来，研发部经理被公司提拔为副总，大家以为这个空缺位置是张亮的，但是，老总却把一个比张亮晚好几年进公司的员工提拔为部门经理，这让部门的其他同事先是吃惊然后是理解：张亮虽然资历老些，但是，毕竟没有做出突出的成绩啊！

张亮感觉很是没有面子，他想跳槽，但是冷静考虑后，他觉得自己在行业内并没有名气，也没有让人信服的研发成果，即使跳槽了，在新单位的地位只能更糟糕。于是，他打消了跳槽的念头，灰溜溜地继续在这家公司待着。

26

职场小贴士：

职场中一些人思想观念老旧，觉得升职是"多年媳妇熬成婆"，是论资排辈的。其实，职场中更多时候是按照能力大小来提拔的。因此，抱着老观念的职场人一定要清醒，一定要努力工作，拒做"吃资历"的职场老油条，自己多争气，要求每天都要进步一些，以免被职场晚辈超越。

第2节　辞职后怎样做才够漂亮

骆琪在一家生产医疗器械的公司做了两年的商务助理。为了寻求更大的发展，她辞职去了实力更好的业内公司，骆琪做事谨慎得体，到了新公司后，她各方面都做得非常好。

不要向以前的同事炫耀

骆琪到了新公司后，不管是工作环境，还是个人待遇，都比跳槽前的那个公司有了很大的提高。不过，她没有和以前的同事炫耀这些。她觉得自己以前的公司和现在的公司都是同行，说不定还有一定的业务合作关系，如果贸然"炫耀"，传到现在公司老总耳朵里，影响很不好。再说了，只是换个工作而已，又没有去联合国上班，没什么值得炫耀的。向以前的同事说自己的待遇，只能引起别人的不平衡，弄得别人不好好工作，这样，以前的老总也不会高兴。所以，骆琪觉得自己还是"闷"着比较好。

冷静地面对"故知"

骆琪现在的工作是大学毕业后四年中的第三份工作，没想到，在这个公司，遇到了第一份工作时候的老同事秦红。遇到老同事的那一刻，她惊喜地想叫她的名字，但是，理智还是让她克制住了自己，她只是礼貌地向她点点头，对方也是笑了笑，算是回应，只是那笑有点勉强。

在新公司一个多月后，一次下班后与人力资源部经理一起乘地铁，经理闲聊中说道："老总已经决定不用秦红了，她的合同还有两个月就到期，到时候，公司不会再与她签新合同。"然后经理就开始举例说秦红工作业绩怎么差，更过分的是做人也很差，喜欢在公司里搬弄是非，弄得公司里人际关系非常紧张，老总非常恼火。听了经理的话，骆琪在心里暗自庆幸，自己没有和秦红关系走得近，如果大家用"物以类聚，人以群分"来判断，肯定认为她也是个"职场坏分子"，以为她是第二个秦红。

放低姿态

虽然骆琪有四年的职场经验，但是，她觉得自己到了新单位，就是个新人，要对老员工尊重。对于有职务的，骆琪尊称职务，没有职务的，她就尊称某某老师，处处给人一种很谦虚的印象，一些比骆琪进来早几天的大学刚毕业的学生，骆琪依然对人家很尊敬，总是老师老师地叫着，把对

27

方叫得虽然有些不好意思，但是心里又暖洋洋的，对骆琪热情了很多。

因为骆琪做人低调、为人谦和，同时，工作能力又非常强，过了一阶段，个别"虚张声势"的老员工也就不好意思再指使骆琪了。

用实力说话

骆琪进入公司后，根本没去品味喜悦，她很快进入了工作状态。回到家中，还在想着工作的事情，并通过各种渠道打探各个医院的采购情况。公司的一些中标的采购信息，都是骆琪打听到的。最牛的是，她连香港一家医院的采购信息都搞到了。其实，没什么窍门，就是按着从网上收集到的各大医院信息给人家打电话，如果咨询到人家近期有采购招标，骆琪就向公司汇报，公司与对方洽谈后，派人去投标。当公司的账户上汇来了三百万港币后，全公司的人都轰动了，都知道刚来的骆琪业务能力很厉害！

骆琪自己心里清楚，所谓厉害，只是勤奋而已。

半年后，骆琪在这个公司站稳了脚。半年内，公司给她涨了两次工资，她现在月薪八千多元，是以前公司的两倍。

职场小贴士：

上班族换工作很正常，但是，跳槽换工作后一定要按照套路出牌，遵守职场规矩，只有这样才能够不损自己的职场名声，才能在新的单位定住脚。

第3节　如何治疗"转行焦虑征"

俗话说"男怕干错行，女怕嫁错郎"，其实，当今的职场，不管男女，都怕干错行。有的职场人是厌倦自己的行业，有的是发愁自己干的行业整体工资水平都不高，累死也挣不到高工资……于是，就有很多人萌生了"改行"的念头，但是，一想到那句"隔行如隔山"的老话，这些渴望转行的职场人心中就非常焦虑，担心自己转行不成功。其实，准备转行的人只要做好以下几点，就能彻底治疗"转行焦虑征"。

找到可转移的能力

作为一家食品公司的市场部员工，罗嘉经常到大街上找消费者做市场调查。但是，大街上很多人为生活、为工作而来去匆匆，很少有人愿意停下脚步接受罗嘉的问卷调查，在罗嘉赔着笑脸以及恳请下，一般一百个受访人中也只不过有几人愿意停下来填写调查答卷。

随着季节的更替，公司会有不同的系列产品上市，于是，不管春夏秋冬，不管严寒、酷暑或者是刮风下雨，罗嘉都要走上大街做消费问卷调查，以取得最原始、最真实的产品消费信息反馈。

作为市场部员工，尽管罗嘉的工作非常辛苦，但是，她的薪水却不高。后来，她决定改行去做销售，因为她分析了，自己平时工作的性质和销售其实差不多：都是赔着笑脸主动寻找客户或者调查对象，劝说对方购买自己推荐的产品或者填调查问卷，都要斗志昂扬，被人拒绝多次依然不泄气，每天都要费尽很多口舌……

找到了市场调查和销售的诸多共同点后，罗嘉对自己的"转行"有了很大的信心。不久，她跳槽去一家电器公司做销售，经过一年的努力，她成为了一名优秀的销售员，平均下来，每个月的底薪加销售提成能达到两万元左右，这是她以前做市场部文员时候的五倍。

职场小贴士：

隔行如隔山，这只是有些过时的老话而已。如今的职场，很多时候，"山"与"山"之间是有"缆车"、"铁索桥"或者"过山涵洞"的，是可以相通的。因此，只要找准一些行业的共同点找到自己可转移的能力，再付出工作上的努力，那么，基本上就能做到转行成功。

发展行业人脉

公司的行政工作没有多大的含金量，只不过干久了就能把工作干得熟练些干得快一些而已。杜莉觉得自己作为公司里的行政部职员，并没有多大的前途，反复琢磨后，她决定改行做财务。

杜莉在一所财经大学的成人教育学院报了个财会班。一年后，她考取了会计员资格证书。杜莉决定改行后，她经常浏览网上的一些财经论坛，结交了一些朋友，这些朋友有些做了多年的财务工作，工作经验非常丰富，网上交流中，杜莉向这些朋友学到了很多来源于实践经验的专业技能。

论坛中，杜莉认识了一位财务女总监，这个女总监在一家大型民企任职。杜莉考取会计员没有多久，女总监手下的一名出纳跳槽走了，于是，女总监把杜莉招到自己所在的公司财务部担任出纳。

职场小贴士：

从一个行业步入另外一个行业，更加需要有人推荐、指点和关照。准备转行的职场人，可以通过培训班、专业论坛、行业协会、行业 QQ 群等方式多结识一些资深人士，以发展自己的行业人脉。很多时候，这些人脉不仅能够把你领进新岗位，甚至还能够帮助你在新的行业里站稳脚跟。

转行不转岗

徐瑶在一家民办大学里做行政工作，尽管本职工作做得非常好，很得领导的认可，但是，作为民营大学的普通职员，徐瑶的收入并不高，每月的工资去掉必需的开销外，几乎积攒不下钱，这让徐瑶很是郁闷，一直盘算着转行。徐瑶在网上的专业招聘网上投了一些简历，她寻求的职位还是行政文员，但是，选的行业都是比较高薪的行业。

很快，徐瑶被一家软件公司招聘去担任行政部文员，每月工资是她在大学工作时候的两倍。

职场小贴士：

同样的岗位在不同的行业中薪资待遇差别很大，因此，一些对自己薪

30

酬不满意的职场人可以考虑"转行不转岗"，就是到一个整体待遇高的行业去干自己一直熟悉的工作。这样，不但福利待遇立刻就能上去，工作上也能很快熟悉和胜任。

第4节　如何维护职场忠诚

职场忠诚是每个老板都非常注重的一个品质。很多时候，它能决定一个人在职场上的发展。如何维护你的职场忠诚，下面几条要多加注意！

兼职的时候不可太盲目

关辉是一家大型医疗器械公司研发部的工程师。为了多挣一点钱，在一个朋友的引荐下，关辉给一家小型医疗器械公司做技术顾问，周末的时候前去这家公司做技术指导。

关辉任职的这家公司生产的是比较高端的医疗器械，他兼职的那家小公司只是生产比较普通的医疗器械，他觉得自己的兼职没有任何不妥。

同一个城市里的同行业同一个圈子，信息时代，关辉在另一家医疗器械公司兼职的消息，很快被老总获悉。老总也知道那家小公司只生产低端的普通产品，和自己的公司没有什么冲突。但是，老总这么想：再小的公司也希望做大，这家暂时的小公司以后也有做大的可能，也有生产高端医疗器械的可能，如果这样，不得不防技术外泄！于是，老总找关辉谈话："要么不再给那家同行业公司兼职，要么从现在的公司辞职。"

尽管关辉辞掉了那家公司的兼职，但是，老总已经怀疑他的忠诚度了，为了不留下后患，老总居然把关辉调到仓库当库管，不再让他参与公司的新产品研发工作，而库管的工资不到关辉以前工资的一半。

职场小贴士：

在同行业兼职是职场上的一大忌讳，因为老总知道后，肯定怀疑你"吃里爬外"，肯定担心你泄露公司的商业机密或者技术机密，甚至怀疑你是对方公司派来的"卧底"，一个忠诚度备受质疑的员工在职场上肯定处处被设防，肯定行走艰难。

老板不在的时候也要认真工作

林红是一家服装公司策划部的员工。为了配合公司即将上市的一款新衣，老总让她制定了一个活动策划。老总很重视这次活动，为了提高工作效率，老总让林红直接向他汇报。

林红的策划交给老总看后，老总觉得这个策划很不成熟，于是，给予了一些指点，让林红对这个策划进行补充，林红当时很恭敬地连连答应。

因为谈一笔业务，老总出差两天。回来后，老总就让林红把重新做的策划方案拿给他看。老总接过策划方案后，越看越生气：这和两天前的那个旧策划有什么区别？根本就没有什么改动，自己提出那么多的建议，居然一点都没有补充上去。这就说明自己出去这两天，林红根本就没有好好工作，肯定是在网上逛网店、聊 QQ 或者看网络新闻等等！

一气之下，老总让林红把手中的这项工作任务交给另外一个部门同事去做，他对这个阳奉阴违的林红很是不满，不敢再把重要的工作交给她做了。

职场小贴士：

职场上一些人喜欢糊弄老板。老板在的时候，表现得很敬业，一旦脱离老板的视线，那就会千方百计地磨洋工。但是，老板一般只看工作结果，不看过程。一个工作中喜欢弄虚作假，喜欢有"始"无"终"的员工，一个缺乏职场忠诚的员工肯定不会在职场上得志。

不要占公司的任何便宜

刘东是家数码产品公司的市场部员工。由于公司经常大批量地向客户快递产品，于是，公司每隔一段时间就会订制一批塑料包装袋。包装袋制作得非常结实，并且印有公司的名称以及产品标识，这样的包装袋每个成本就是几元钱。

因为包装袋很结实，并且非常防潮。于是，刘东隔三差五地就往家带回来一个，用来装一些闲置的书本以及衣物。后来，干脆用它来当做自家厨房的垃圾袋，以便装丢弃的菜汤以及洗碗池里的脏东西。

有时候在周末，刘东的同事就会来他家作客，时间久了，大家都知道刘东厨房的垃圾袋其实就是公司快递产品时候的专用包装袋。后来，这个信息被老总知道了，老总在员工会议上不点名地批评道："咱们一个快递专用包装袋，造价就是几元钱，几元钱，完全可以买一百个家庭用的垃圾袋。但是，个别人居然损公肥私，为了节约自己几分钱一个的垃圾袋而使用公司几元钱一个的包装袋，这样爱占便宜的人，公司怎么敢重用？因为权力大了就有机会损害公司更大的利益……"听老总这么说，刘东心里非常懊悔，觉得自己真是因小失大，以后别指望在公司里有出头之日了。

职场小贴士：

不要占公司的任何便宜，哪怕占的这个便宜本不是很值钱，因为别人会质疑"不值钱的东西都要去占，以后遇到值钱的东西那还得了？"爱占公司便宜的人，不但会让同事很有意见，也让老板对你提高了警觉：此人太贪心，不可重用。

第 5 节　向职场坏习惯说 "NO"

只埋头工作不懂得合作

沈超是个内向的人，工作非常努力，上班总是早去晚归，但是，他不喜欢和人交流合作。沈超在公司研发部工作，整天一个人在工作台前研究。

研发部一个刚毕业没多久的大学生小王，思维比较活跃，人缘也比较好，经常与大家交流，和大家一起吃饭，遇到难题就请教这个请教那个，非常谦虚好学。有时候，为了一个技术难题，大家居然不知不觉地以小王为核心，开展了集体技术攻关，群策群力之下，他们对产品进行了好几项技术革新，给公司创造了很好的效益。而这几项技术沈超都是在攻克中，离成功已经不远了，但是，他个人的力量自然不如大家的力量，大家总是走在他前面。后来研发部经理被提拔为公司主管产品研发和生产的副总，小王被公司提拔为研发部经理。

沈超是研发部资格最老，技术也比较好的技术骨干，之所以没能得到公司的重用，就是因为他喜欢单打独斗，不懂得合作，他的优势没能够在团队中表现出来，自然没得到公司的重用。

过分推销自己

陈倩是个非常自信的人，总觉得自己的能力超群。公司的会议上，当老总谈到单位的一个问题时，陈倩立刻滔滔不绝地谈论自己对这个问题的看法，然后反复申明如果自己去处理这个事情，会如何如何。常常弄得开会像是她和老总的"二人转"，别人都接不上话，大家也不愿意接，就克制着内心的反感和不耐烦听陈倩夸夸其谈。事实上，陈倩的思维比较敏捷，反应很快，老总提出的问题，陈倩一般都能积极想出办法。只是时间比较短，有些建议难免不够完美，甚至还有着种种的缺陷。而她老是表明这件事情如果自己去做，会产生如何如何好的结果，等于变相彻底否决当初做这项工作的领导人，弄得这个领导人心里很不舒服。

时间久了，大家耐不住了，在她的建议提出后，大家群起而攻击其中的种种不足之处，而她建议中的优点大家却故意忽略。

公司的很多工作其实就是根据陈倩的提议，然后由大家七嘴八舌进行补充完善的。可是，大家故意埋没她的成绩，就是因为看不惯她指手画脚，看不惯她过分推销自己。老总也看出陈倩虽然有些能力，但是，群众基础不好，在公司中属于孤家寡人，没有号召力。于是，在后来的提拔升迁中，陈倩总是"原地踏步走"。

不懂得融入企业文化

付娜是个比较有个性的女孩，进入公司后，对公司的一些不成文的制度比较反叛。

这是个二十多人的小公司，老总提倡大家和谐团结。员工过生日的时候，在饭店吃个饭，然后唱歌。老总个人负担总开销的三分之一，其他三分之二开销除掉当天过生日的"寿星"免费外，其他的人按人数平均分担，其实，摊到其他人身上，也就是三十元左右。这个不成文的规定，大家都很满意。老总觉得这是个大家在一起沟通的好机会，很多的个人摩擦就是在这样的聚会交流中而烟消云散的。员工觉得这样很有人情味，像个大家庭，另外，这样的聚会，还可以缓解大家的工作压力。

虽然没有明文规定大家必须参加，是根据个人自愿原则，但是，多年来，大家都主动参加，不知不觉中，形成了公司企业文化中的一部分。

付娜来了后，想想每个人过生日，不但自己都要凑份子，而且还会晚回家，占用了自己的私人时间，她就比较生气。另外，她觉得工作就是工作，工作不是请客吃饭，所以拒绝参加。她的拒绝，公司上至老总下至员工都没说什么，只是公司上下觉得付娜这人"怪怪的"、"挺不合群"。尽管她的工作干得不错，但是，因为她不懂得融入公司的企业文化，很多工作能力不如她的人都得到了升迁，但是，她依然如故。

她保持了自己的"个性"，但是，在公司里，她被打入了升迁的"冷宫"。

出尔反尔

赵光在一个销售公司上班，是售后服务部员工。为了客户考虑，公司一个星期的七天里都有专人值守售后服务热线。

安排到星期六或者星期天加班执勤的员工，难免遇到临时有事情的情况，这个时候，按公司规定是可以自由与同事调换，找人顶替自己值班的。

赵光有时候也答应替同事值班，电话里说得好好的，但是，因为心情不好，或者是想睡懒觉不想像工作日那样早起，于是，就给对方打电话，

35

让对方重新找人顶替。几次过后，大家都知道赵光是个喜欢出尔反尔的人，以后再找人顶替自己，都不找赵光了。后来，老总也知道大家都不愿意找赵光替班了，老总心想，答应下的事情时常变换，这样的人绝对不能重用，给他个重要职务，关键的时候，他撂挑子怎么办？

老总都这么想了，于是，赵光在公司里的冷板凳就坐定了。七年下来，很多资历浅的同事都被提拔上去了，他依然还是个普通的职员。

对别人求全苛刻

高成所在公司的销售网络一共划为四个大区，高成是公司西北大区的经理。他对自己的下属要求特别严格，动不动就在会议上声色俱厉地批评自己的下属工作不努力，已经忙了几个月了，某某的项目还没有攻下来。其实，他批评的那个下属工作已经非常努力了，只是现在市场竞争非常激烈，有时候，"硬骨头"一时啃不下来，也是正常。尽管在四个大区中，西北大区的业绩是最好的，但是，下属依然得不到高成的肯定，他觉得大家还是没有尽最大的努力，他经常挂在嘴边的一句话就是"人的潜力是非常巨大的，一定要努力发展下一个新客户"。

高成对别人要求非常高，惹得下属非常不满，终于有一天，一个下属奋起反抗了，在会议上公开说道："你神气什么？你当销售员的时候，不是几个月都拿不下项目吗？最后还是一个老销售员离职的时候，把手中的客户交给了你，你的业绩才上去的，你是摘别人的果子，没什么可神气的！"高成脸涨得通红，一下子哑口无言。

从此，高成的威信一下子落了下来，大家也不再听他的了，反正销售额上去了，按公司的规定拿一定的销售提成，大家依然认真地干，只是没了高成整天念紧箍咒，大家的压力小了很多。

公司的四个大区后来合并为一个销售部，经理和副经理都是从其他大区的经理中提拔的，高成的职务没有动，就是因为他的"求全苛刻"犯了众怒，连其他大区的人也对他很反感，老总考虑大家的感受，于是就没有提拔高成。

传播流言蜚语

董莉娜在一家外企公司的财务部上班，她是从一家银行跳槽过来的，业务能力很强，在这个公司的工作年头也比较长。整个部门七个人，除了财务主管，就数她的资格最老。

董莉娜喜欢传播单位的小道消息，什么公司里谁未婚先孕做人流了，谁向领导打小报告了，听说新来的员工是被以前的公司辞退的等等。为了流言飞语，经常和一些同事闹别扭，有时候，老总都亲自调解给她们做思想工作。

两年前，财务主管回老家创业去了，位子空了下来，大家以为是董莉娜的，没想到，老总提拔了一个平时默默无闻干工作的员工。领导考虑到这个员工资历和能力比较浅，于是，提拔了另一个员工做副主管，算是协助财务主管的工作。

董莉娜很是郁闷。其实，领导不提拔她是正常的，她这种喜欢传播流言飞语的人，让她当领导，肯定不合适，会泄露出公司很多的商业机密。

37

职场小贴士：

在职场中，得不到提拔重用，得不到晋升的原因不都是因为能力不行，还牵涉到其他各方面的因素。因此，每个职场中人在把自己的本职工作干出色的同时，还要"修身养性"，只有能力超群、为人处世得体稳重的人才会在职场中前途无量。

第6节　把自行车及时锁上

冯军和李华是发小，两人从小在一家化工厂家属区大院里长大。因为两家是邻居，年龄又相同，于是，两人从小就是好朋友。

那个时候，这家化工厂的效益很好，冯军和李华大学毕业后，因为是职工子弟，工厂很照顾，于是两人顺利地进入了这家当地很有名气的企业上班。

刚参加工作那两年，两人经常和一群朋友去看电影(那时候电影票一张是十元钱之内)。买电影票的时候，冯军每次都争着抢着给大伙买票，与此形成鲜明对比的是：李华总是在售票口附近的停车处低着头锁自行车，并且自行车常常"锁不上"，李华还表现得非常着急的样子。几分钟后，冯军或者其他人把电影票都买好了，李华自行车也就"终于"锁上了，然后一脸轻松地与大伙进了电影院。

有时候，李华还很"生气"地批评冯军或者其他买电影票的人："你看看你，真是太积极了，我自行车还没有锁好呢，你票就买好了，弄得我都来不及和你抢着买票！"大家听了，开玩笑道："别埋怨了，下次看电影的时候，你给大家买票就是！"等到下次去看电影的时候，大家就站在电影院门口等着李华买票。众目睽睽之下，李华还在那倒腾他那"不争气的车锁"。见李华老是"锁不上"，冯军低声叹口气，走过去把电影票买了。这边冯军刚把电影票买好，那边，李华就很"神奇"地锁上了一直没有锁上的自行车。

除了看电影之外，冯军、李华还经常在周末与朋友一起去饭馆聚餐。吃完饭，冯军争着抢着去埋单，李华却急匆匆地去卫生间，有时候，在冯军争着去埋单的时候，李华明明没有喝多少酒却"不胜酒力"地"醉趴"在桌子上。埋单完毕，不用别人去叫，"醉趴"在桌子上的李华就会很快地站起来。

后来，因为冯军、李华他们所在的化工厂经营陷入了困难，大家工资不断下降。眼看这样下去，工厂离破产不远了，于是，冯军、李华都辞了职，然后结伴出去打工。

因为有工作经验，深圳的一家大型化工公司接纳了他们，两人成了技术工人。

冯军依然发扬大方义气的处事风格，大伙吃饭的时候，他争着埋单；

逛街买香烟、饮料的时候，他也争着埋单。很快，冯军就在这个新单位交上了很多新朋友。销售部经理很看好冯军为人的大气以及工作上的勤奋，建议他转到销售部上班："你这种性格能够广交朋友，最适合干销售！"

于是，冯军从技术工人转行当了销售员。

销售经理的眼光很准，冯军确实适合搞销售。第一年，冯军的销售业绩就达到了七百多万，拿到了三十多万的销售提成。第二年，销售额达到了惊人的一千六百多万，冯军拿到了八十多万的销售提成。

第三年，冯军辞职了，然后成立了一家公司，给深圳的这家化工公司做南方几个省份的销售代理，冯军从以前的雇佣关系变成了合作伙伴关系，每年的收益比打工的时候强了很多。

冯军在深圳买了房子，买了豪车，并且经营着自己的公司。以前与自己"平起平坐"的发小居然很"神奇"地发达起来，而自己还是普通打工族！这让李华非常困惑！有一天，李华找到冯军，希望他指点下自己。冯军笑了："以前咱们大伙一起去电影院看电影买票的时候，你老在那里锁自行车，并且还老是锁不上！你如果每次都能把自行车及时锁上就好了！"听到这话，李华的脸一下子涨得通红……

一个人如果想获得事业上的成功，他自身的能力只占成功因素的小部分。交际能力却占到了成功因素的大部分，也就是说，一个人的交际能力往往决定着他的事业发展。有时候，获得成功的原因并不复杂：只需要把自行车及时锁上。

职场小贴士：

有调查表明——成功者除了自己的努力外，更多的因素是来自别人的帮助，这就需要我们"会做人"。一个小气、斤斤计较、在朋友聚会上偷奸耍滑的人注定人缘不会好，这就使他缺乏外力的帮助，因此，他如果想在事业上成功，就会困难重重，就会没有"救兵"了。

第7节 职场中如何打电话

打电话,该用什么表情? 多高的声调? 该如何预约下次的电话? 等等,这都是学问。职场中,一些人因为不会打电话而影响了职场发展。

声音就是"摄像头"

因为头天晚上看电视比较晚的缘故,胡燕上午上班的时候提不起精神,还不时地打哈欠。

胡燕是公司的销售员,想起前几天和一家公司谈的一单生意差不多成功了,胡燕想趁热打铁催一下。电话打过去,听胡燕讲了一番话后,对方沉默了一下,然后说道:"你好像对这单生意不怎么重视啊?"这是个比较大的单子,胡燕已经跟踪联系了好几个月,对方怎么能说自己不重视?胡燕把自己的疑问提了出来,对方不客气地说道:"听你说话懒洋洋的,我都能猜到你是边打哈欠边和我说话的! 能听出你好像缺乏合作的诚心啊……"胡燕听对方这么说,吓了一跳,因为刚才打电话的时候,自己确实打了几个哈欠,尽管自己打电话的时候用另外一只手掌捂在嘴巴前遮挡打哈欠时发出的气流,但是,对方依然感觉到了,并且明确地表达了不满意,觉得自己没有受到应有的尊敬。

职场小贴士:

声音是人的另外一张脸,根据电话里的声音,我们能判断对方的悲欢、厌倦、慵懒、烦躁等情绪。因此,打电话的时候,一定要注意调整好自己的语气。如果感觉自己的情绪有些波动,一定要稳定好情绪再打电话。如果自己有些疲倦或者发困,最好去洗手间用凉水洗下脸,然后再打电话,对方就能感觉到你说话时候的思维清晰与热情态度。

40

咨询对方此时打电话"是否合适"

吕莉是一家公司的行政部职员。一次，因为下面一家分公司的办公费用核算问题，吕莉给分公司经理打电话，电话接通以后，吕莉自报家门，然后就在电话里说起了事情。吕莉说了一会后，见对方没有反应，吕莉问道："张经理，刚才我说的事情你听明白了吧？"对方冷冷地说道："我在开会，我刚才在电话里告诉你我在开会，但是，你依然滔滔不绝地说，弄得我也不好意思挂电话。员工还等着我开会呢,就这样啊!我先挂了啊!"说完就挂了电话。吕莉打电话吃了个"闭门羹"，很是尴尬。

职场小贴士：

给对方打电话前，应该考虑到对方是不是很忙，是否有时间接听电话，或者旁边是否有需要忌讳的人等不方便接听话的因素。因此，给对方打电话，事先要问："某某某(有职位的一定在姓后面加上职位)，现在方便说话吗？"不管对方当时多忙，他(她)一般都不会生气的，因为你已经在电话里很礼貌地询问他(她)是否方便说话了，已经显示出你的涵养和分寸了。接下来，对方会客气地继续接听你的电话，或者会告诉你："现在很忙，你过一会再打来吧。"

"过会再打"一定要约定具体时间

杨蕊是家翻译公司的业务员,听说某家公司准备去国外谈一单大生意，需要带位干练的英文翻译随同。杨蕊想为公司拉下这个随行翻译的业务，于是在一天上午给对方公司的杨总打办公室座机说明此事。杨总正在忙着其他的事情，他说道："我这会正忙呢。"杨蕊赶紧说道："好的，好的，杨总，那你先忙，我过会再打。"两人都挂了电话。

放下电话后，杨蕊觉得既然对方忙，那就下午再打吧。下午打过去电话，提醒对方自己上午打过电话的。杨总一听就来气："你真有意思，上午说'过会'打，我忙完手中的工作，在办公室里等你一个多小时，你电话却不打了。因为办公室座机没有来电显示，所以，我也没有办法及时和你联系。我们正需要随行翻译，我只好让人去其他翻译公司聘请了一个翻译，刚刚和对方敲定……"放下电话，杨蕊后悔得肠子都青了。

职场小贴士：

给对方打电话的时候，如果对方明确告知此时没有时间或者此时不方便在电话里商谈事情，那么，你就应该和对方约定再打电话的具体时间。例如约定"那我二十分钟后再打，行吗？""我下午两点半的时候打可以吗？"如果得到对方的同意后，你还要和对方核对一下时间："现在是上午多少点多少分！"以防备两人的钟表时间有误差。告诉对方当时是什么时间，对方就可以准确地把握好下次接听电话的时间。

42

第8节　职场上不要当"月光族"

看到这个标题，可能一些人很不满：当月光族是个人的消费观念问题，属于个人的一种生活方式，怎么和"职场"扯上了？别着急，请听我慢慢道来。

陈婕大学毕业后进入一家公司做行政，这家公司还不错，是个几百人的中型公司，税后每月工资五千多元。陈婕与人合租房子，每月租金八百元，吃饭、交通、电话费等日常开支加一起，两千元就够，也就是说，如果生活简单一些，每个月她花销两千八百元即可。另外每个月还可以存下两千五左右。但是，陈婕根本不存钱，觉得那种观念"太老土"了，她三天两头在网上购物，光鞋子就有几十双，包包有七个，另外还有衣服、化妆品等，反正每个月她不把工资花完就不算完。

陈婕原来用的手机好好的，两千多买的，但是，见别人用苹果手机，她就把自己的手机换下来买了部苹果手机。换下的手机一直在抽屉里闲置着。

　　陈婕本来有个笔记本电脑，使用一切正常，但是，因为贪图时尚，她还是多此一举地买了个苹果笔记本电脑。

　　两年过去了，陈婕没有攒下钱更没有给父母寄过钱，钱都让她自己花掉了。让她没有想到的是前阶段公司因为资金链断掉，发不出员工的工资了。公司一直说资金投出去了，等资金回笼后就给大家发工资。陈婕靠借钱度日。人以群分，她认识的也都是消费观一样的"月光族"，朋友们也没有多少钱借给她。无奈之下，把卖掉金项链的钱花完后，陈婕又把几千元的苹果手机以几百元的"二手价"卖掉了，她心爱的苹果笔记本电脑出售的时候也是几百元的价位。虽然她知道收购二手电脑以及二手手机的人简直是"趁火打劫"，但是，人穷志短，明明知道人家是"打劫"，还不能不卖给人家，因为自己急等着钱花。

　　没有弹尽粮绝，她是不好意思向父母求援的。因为父亲只是个国企工人，母亲已经下岗多年，父母亲能把她供到大学毕业已经相当不容易了，工作两年了，自己没有给她们寄过一分钱还要向他们求助，这是她不忍心做的。

43

　　由于急需用钱，陈婕只能再次寻找工作，但是，因为太渴望"救命工资"了，在面试的时候就显得慌慌张张。再加上没有存款就会"手中无粮，心中发慌"，于是面试时候的状态非常不好，甚至有几次面试的时候由于过于紧张，根本没有听清楚面试官说什么就急于回答，显得非常荒唐。自己也是有过两年工作经验的人了，第一份工作面试的时候也不曾惊慌过啊，都是缺钱闹的。第一份工作的时候，父母还没有断掉给她的生活费，所以她不慌乱，面试的时候状态就比较好。陈婕前去面试的时候感觉是唯唯诺诺，面试过程中感觉是心慌意乱，面试结束后感觉自己是落荒而逃。各种不在状态的根源就是因为"手中无粮，心中慌张！"如果自己有个两三万元的积蓄，足够自己生活大半年的，那么求职过程中也不至于那么迫切那么狼狈，好像面试不成功就要睡大街一样。如果有积蓄支撑着自己，陈婕相信自己两个月之内能找到一份满意的工作。但是，一分钱难死英雄汉，一分钱更能难死她这个身在异乡的小女子，没有积蓄支撑她的正常生活，她只能以"饥不择食"的状态寻找工作。

因为"月光",使得陈婕后来无奈地接受了一份工资只有两千多元的工作,这只是自己上份工作薪资的一半而已,她非常不满意,但是,不满意又如何?马上就面临饿肚子了,于是只得违心又委屈地接受这份工作。

公司资金链断裂,被人排挤得混不下去了,较长时间的生病等,到那个时候,才能体会到每一毛钱的珍贵与可爱。因此,平时积蓄点钱没有错,至少可以让自己关键时刻在职场上保持尊严不狼狈,至少可以让自己平心静气地去寻找一份自己喜欢的工作。

职场小贴士:

上班族生活中要尽量节俭,尽量存些钱。有这样良好的习惯,当职场发生公司倒闭、裁员、被迫跳槽等情况后,自己才能够从容地重新求职,才能够不因手头紧张而慌乱,才能够挑选适合自己职场发展的好工作。

44

第 9 节　职场就像开车

看准方向

许函所在的公司是家小型公司,老板以前是一家大公司的研发部经理,技术非常过硬,就是因为资金有限,公司发展比较缓慢。作为会计,许函能更深刻地了解公司经济上的薄弱。但是,许函看到了老板的潜在能力,看到了老板做事情的大气和重感情,觉得跟着这样的老板走下去不会错。于是,对于周围人的"埋怨"和"建议"她一笑了之,很多同事纷纷跳槽另觅高枝,许函也不为之所动,她只是手扶职场的"方向盘",眼睛直视前方。

两年后,因为老板获得了一家风险基金的投资,公司突破了资金短缺这个发展瓶颈,开始突飞猛进地向前发展。熬过了艰难时期,公司开始大规模地招聘员工。因为忠诚，许函这个始终把握方向盘前进的人得到了提拔，成为公司的财务总监，并且作为创业元老，老板还给了她百分之零点二的股份。不要小看这百分之零点二的股份，这点股份每年年底光分红就能分十多万元。如果公司以后成功上市，这股份的股票价值就可以达到几百万元。

职场小贴士：

开车的时候，不管坐在身边的人怎么东聊西扯，一定要保持清醒的头脑，眼睛一定要看好前方，以免看错方向拐错了路；职场上，如果认定一个公司有发展前途，如果认定这个公司的老板人品好跟着他(她)干有前途，那么就不要轻易跳槽。

给油

高佳是家广告公司的前台，业余时间，她学习了人力资源管理课程，并且考取了中级人力资源管理师的证书。平时人力资源部面试的时候，高佳常常主动接待前来面试的求职者，把他们带到休息室休息或者维持面试秩序。

后来，公司的人事助理因为去国外留学而离职，这个职位正好空缺，高佳及时向老总以及人力资源部经理申请，想在公司内部转岗到人力资源部。因为是公司内部的员工，知根知底，更重要的因素是高佳又有人力资源管理师资格证书，于是，高佳从工资微薄的前台岗位顺利转岗到人力资源部做人事助理。又过两年，人力资源部经理升职为副总，高佳被公司提拔为人力资源部部门经理。

职场小贴士：

开车爬坡的时候，一般要加大油门"给油"，以便能够顺利地攀登上去。职场上也是如此，如果想爬坡、想向上发展，只有平时多学习，多积攒能量，才能在关键的爬坡时候"给力"，才能够爬过"职场陡坡"从而到达一个更好的职场发展平台。

刹车

瞿涛是家公司研发部的员工，他和部门经理的关系比较好。但是，部门经理和公司副总的关系一直很僵。后来，研发部经理动员下属和他一起跳槽到另外一家新公司，让瞿涛震惊的是，部门经理居然准备把公司刚刚研发出的一款新产品的技术带给那家同行公司作"见面礼"，这不但违反职业道德，更是触犯了法律。瞿涛坚决拒绝和部门经理一起跳槽。

后来，经理以及跳槽过去的员工都被公司以泄露商业机密起诉，这事在行业内闹得沸沸扬扬。部门经理被判刑两年，跟随他的那些员工虽然没有判刑，但是，在行业的口碑已经坏了，不管入职到哪个公司，都被人家防贼一样防着，根本接触不到最新的研发结果,公司的核心技术也接触不到，这对于技术人员来说，等于没了任何职场前程。瞿涛在关键时候及时刹车，没有跟随前部门经理一起"叛离"，职场口碑和前程没有受到任何影响，这才是个聪明的选择。

职场小贴士：

开车中，遇到险情的时候，常常需要紧急刹车，要不然可能会造成车毁人亡的可悲结局；职场中也是如此，在触犯职场道德甚至法律的时候，不管前面多诱人，一定要及时刹车，以免发生严重后果。

倒车

高红在一家贸易公司的财务部上班，担任出纳。上班后不久，她就知道这家公司名为股份公司，其实就是家族企业控股的公司，公司高管以及部门经理都是老总的亲戚或者朋友，财务部总监是老板的女儿，会计是老板的外甥女，自己不管工作多努力，注定是个小出纳。想到这，高红心灰意冷，她开始留意网上的招聘信息。没过多久，她跳槽到一家新成立的公司当会计，她相信自己只要工作努力，以后会获得升职的机会。

职场小贴士：

开车行驶中，如果遇到前面道路不通或者前面非常拥挤的时候，或者前面有堵车可能的时候，可以及时倒车，然后选择另外的道路；职场上也是如此，当发现在一家公司里没有发展前途的时候，可以"倒车"跳槽选择另外一个平台发展。

第10节　换位有成本，跳槽需谨慎

孟雪所在的公司员工有四五百人，因为员工多，再加上职场上员工的正常流动，几乎每个星期都会有人提出辞职。既然有人要辞职，那就必须安排新人办工作交接手续。

由于公司招聘新员工的面试一般安排在周末，这样可以方便那些计划跳槽者前来面试，因此，作为公司的人事助理，孟雪几乎每个周日都会跟着人力资源部经理加班一次，每次加班都会是半天左右，这让孟雪非常生气。平时工作就够辛苦的了，周末就应该好好放松好好休息！孟雪讨厌这种几乎每个周末都需要加班的日子，一怒之下，她跳槽了，希望换份周末不用加班的工作来缓解自己的职场压力。

孟雪大学里学的是中文专业，有比较深的文字功底，她的第二份工作是在一家图书公司工作。图书公司一般是与多家正规出版社合作。老板让编辑大量约稿，也就是俗称的"攒稿"，老板自己负责联系刊号。因为刊号需要从出版社购买，老板为了节省资金，总是与各个出版社讨价还价，忙乎一阶段后，从"最低价"出版社那里买得刊号，然后就是几本书甚至几十本书一窝蜂地出，确定出版某些书后，编辑就得紧急加班赶进度，弄得编辑不但每天晚上都得加班，而且周末的时候还得加班。

47

这个时候加班倒是其次了，有一个大问题是孟雪因为刚到公司，是个新人，费尽周折约的三本书稿，编辑室主任居然没有一本看上的，而其他编辑约的书稿基本上都过了，这让孟雪压力非常大，毕竟图书编辑主要凭编书和编辑费吃饭，如果自己编的书不能过关出版，自己在这还能吃多久的"白饭"？因为着急上火，孟雪嘴上起了个大火泡。

孟雪吃饭的时候，脑子都在想着书稿选题的问题，每天晚上做梦都是梦书稿的事情，早晨起来，她心里感觉特别难过：自己怎么混得梦里都开始加班了？

孟雪整天提心吊胆地害怕过不了试用期，如果那样，她感觉太丢人了，个别不怀好意的熟人该笑话自己了！

谢天谢地，第四本书终于过审，算是有了业绩。于是，孟雪借助这本书，好歹算是过了试用期。

这家图书公司的工作压力大，为了节省人工成本，编辑不但负责约稿、改稿，还负责校对以及版式设计，基本上是把女人当男人使，男人当畜生使的那种。孟雪工作半年后，不堪工作压力，又跳槽了。

孟雪的第三份工作是在一家广告公司做策划。客户因为花了钱，总觉得应该让自己的钱花在"刀刃"上，总希望自己的广告能"一鸣惊人"，能迅速拉动销售额。于是对策划方案特别挑剔，动不动就说："这个策划不好。"孟雪强忍着不满，谦虚地问对方："哪个地方不好呢？"客户沉默了一下，然后说道："就是看了这个策划吧，没有感觉，具体呢，我也说不好，属于可意会不可言传吧！"这样的客户最让孟雪无语了，自己没有多少文化还故作高深，还拽得不得了！于是孟雪就得琢磨客户游移不定的"意会"，把策划一改再改，有的时候甚至是推倒重新写，一直折腾到客户"满意"为止。

客户就是上帝，孟雪面对的还不是一个"上帝"，而是学识、爱好、品味各不相同的很多个"上帝"。孟雪的工作就是绞尽脑汁地写策划，废寝忘食地修改策划，一遍遍地赔着笑脸请求"上帝""指教"策划，整天赔笑脸赔得面部都有些抽搐了。孟雪感觉自己这份工作真不是人干的，于是又萌生去意，想找一份压力小的工作……

　　职场中，像孟雪这样的盲目跳槽者很多，总是这山看着那山高，这份工作看着那份工作清闲，其实，任何老板招聘员工都是为了让其"工作"而不是让其享受"清闲"的。因此，盲目跳槽只能让这样的职场人一次次"归零"，一次次重新开始，结果工作的压力反而比以前更大！

职场小贴士：

　　水往低处流，人往高处走。职场中，跳槽到一个薪酬更好或者发展空间更大的平台去工作，这是好事情。但是，如果仅仅为了缓解压力而不断地跳槽，那只能让自己在职场中活得更为艰辛，并且在频频跳槽中、频频"归零"中丧失很多次加薪以及升职的机会，因此，跳槽需谨慎，千万别误把跳槽当成缓解工作压力的良药！

第三章

不谈忙，谈成绩

第1节　不该忘记当初的承诺

前几年，我担任人力资源部经理的时候，每当有员工离职，我就要例行找他们谈话，问他们为什么离职，结果，绝大多数都是满腔怒火地指责公司"对不起他(她)，工资不高，福利不好，人家同行业的某某公司一年十三薪，这里才十二薪；某某公司给员工上的有商业保险，子女看病可以报销，这里没有商业保险；公司的某某和自己的资历差不多，他为什么可以当中层领导而自己还是个大头兵……"这些牢骚和质疑让我无话可说，无话可说的原因并不是因为他们说得很在理，而是因为我觉得他们的要求非常荒唐，因为公司当初招聘他们的时候根本没有承诺那么高的工资以及福利，更没有承诺工作几年后必须要提拔为领导。他们的这些抱怨和质疑非常不靠谱。

后来，我突发奇想，就是在面试求职者的时候，加了一道面试题：让对方书面写上如果通过面试后对公司的承诺。

承诺各种各样：我虽然没有工作经验，但是我非常勤奋、非常好学，会比别人付出两倍的努力工作，我会很快适应工作并且很快超越老员工；公司招聘员工本身就有很多成本：交给专业网站的招聘费、对新员工的培训成本等，因此，如果有幸被贵公司聘用，我至少会为公司服务三年；严格要求自己，遵守职场道德，工作时间内不做任何私事……

如果他们最终成为公司员工，我会把这些当初面试时写下的承诺单独保存下来，我想看看他们是不是真的执行了下来。

结果让我很失望。后来，再有人离职的时候，离职谈话结束，对方离去后，我会偷偷对照下当初他(她)的诺言，发现工作中偷奸耍滑的人当初居然承诺"比别人付出两倍的努力工作"；绩效考核的时候发现对方经常上班浏览娱乐新闻，看电影甚至干脆在淘宝上经营自己的店铺的人，居然当初的承诺是"严格要求自己，遵守职场道德，工作时间内不做任何私事！"……

每个人当初面试的时候都是忐忑不安、非常渴望进入公司，进入试用期的时候也是像旧社会的小媳妇一样夹着尾巴做人，整天看人脸色过日子，好像公司的每个老员工都是他的婆婆一般。但是，只要试用期过了，正式聘用合同一签订，立马腰板挺得很直，说话的嗓门也高了起来，工作也开始松懈了下来，把面试时的承诺忘得一干二净。

在我担任人力资源部经理将近三年的时间里，离职面谈的时候，只有一个员工表示了自己对公司的歉意："当初面试的时候，我曾经写过自己的承诺，一定在这公司里工作至少三年，很惭愧的是，现在刚刚两年半，我就离职了，我感觉很亏欠公司……"铁打的职场流水的员工，离职的员工那么多，第一次有人在离职谈话中对自己的"失信"很愧疚，对"公司"的培养很愧疚。我当时非常感动："没有关系的，水往低处流，人往高处走，很正常的。再说，你在公司干得很好，工作两年就被公司提拔为部门经理，这就证明你对公司还是有着很大贡献的，你不用愧疚！"对方喃喃地说道："我知道你是在安慰我，可是我心里还是很愧疚，毕竟是我食言了。可是我父亲患了重病，估计以后得长期治疗，我想把他接到北京来，还有我母亲也会过来照顾我父亲的，这样，花销一下子就大了很多，因此，我只能跳槽去另外一家薪资高的公司，我也没有办法，真的很惭愧，有负公司的厚望……"那天我很感慨，我说道："几年中，我差不多和三百名有过书面承诺的同事进行过离职面谈，你是唯一把自己的承诺看得很重的人，你以后在职场上肯定会前途无量，祝福你……"

这个曾经的同事从我们公司离职两年多了，我们一直都有联系。他去的公司是同行业的"龙头老大"，虽然担任的还是和我们公司相对应部门的经理，但是，人家的薪资可是我们这里薪资的两倍。前不久，他升职为公司的副总，薪资是原来在我们公司的十倍，已经达到年薪一百三十万了。

他在职场上的飞黄腾达一点不出我的意料，一个把自己的职场承诺看得重于泰山的人，不管他在哪里工作，他肯定不会辜负这家公司。

职场小贴士：

看一个人的人品以及职场潜力，很多时候，只看一条就足够了，那就是他(她)是否践行他面试时或者当初刚进公司时候的承诺！

第2节　想涨薪，找自己

前几年，我担任公司人力资源部经理的时候，经常有同事跑过来要求涨薪，当然了，他们其实想找老板涨薪的，怕老板直接拒绝，自己面子上不好看，于是就想让我帮助申请涨薪事宜。他们的理解是：如果个人向老板申请涨薪，好像那是为了私心，但是，如果人力资源部出面向老板申请涨薪，那就是公事公办，即使被老板拒绝，也不丢人。

面对这些经常琢磨涨薪的同事，我真诚地劝说道："想涨薪，不应该找老板，更不应该找我，最应该找的是你自己！"对方生气地说道："不愿意帮忙涨薪就直接说，尽瞎忽悠人，涨工资不找老板找谁？找我自己？你这话真荒唐！"说完，气呼呼地走了。看着他(她)的背影，我只能暗暗感叹他们的领悟力真的太迟钝了！想涨薪，找自己！研发部的张伟，市场部的陈蕾不都是眼前的例子吗？

研发部的张伟性格内向，一说话脸就红，如果让他找老板谈涨薪的事情，估计拿刀架他脖子上他都不肯。但是，张伟工作很勤奋，爱钻研，先后为我们公司的系列产品进行了升级换代，赢得了市场先机，为公司创造了很大的利润。当张伟第一次为产品进行升级换代后，他在行业内就出名了，有些同行业的公司准备把张伟挖走。老板是聪明人，他自然明白这利害关系，张伟根本没有提出涨薪，老板就把张伟的薪资翻了一倍。后来，张伟每次为公司研究出新产品，不用张伟自己申请，老板自己就主动给张伟涨了工资。张伟刚进入我们公司的时候，月薪五千元。短短的四年时间，经过老板的几次主动涨薪，张伟的月工资已经拿到了三万五千元，是最初工资的七倍。

在许多同事眼里，市场部的陈蕾是个"缺心眼"的人，因为她拿着微薄的工资干着超负荷的工作，这种超负荷是她自愿的。她简直得了职业病，参加朋友婚宴的时候，她就和同桌的宾客聊自己公司的产品以及其他公司同类产品，让他们说说各种同类产品的优劣势，为了让对方说的更客观、更公正，她刻意隐瞒了自己公司的名称。她身边的挎包里装有录音笔，回去将谈话整理后写进市场调查报告里。

为了调查同类产品哪种更受消费者欢迎，周末或者节假日的时候，陈蕾往往能在商场守候一整天，还假扮顾客向那些购买了同类产品的顾客"请教"，让对方说说为什么买某种品牌某种型号的产品而不是买其他的？回家后，她就拿出录音笔，把顾客的解释详细地写进市场调查报告里。

因为进行了深入细致的调查，陈蕾的调查报告非常扎实，为了证明自己调查结果的真实性，陈蕾还把自己的录音笔连同市场调查报告交给领导。另外，根据自己的调查报告，陈蕾经常能够制定出非常"行之有效"的产品企划策略。

由于陈蕾工作勤奋业绩优良，老总怕这样优秀的员工跳槽或者被人挖走，三年内给陈蕾的工资涨了二倍，而其他员工三年内平均工资才涨了百分之十。

职场小贴士：

职场中，很多在老板眼里"可有可无"的员工不是用心琢磨工作而是

53

用心琢磨涨薪，因为在公司里的作用不重要，涨薪的申请往往会被拒绝。而那些工作勤奋做出优异职场业绩的员工，老板深怕这样的职场人才跳槽或者被同行业的公司挖走，于是三番五次地主动给这样的员工涨薪。

"想涨薪、找老板"的思路已经很陈旧了。如果想涨薪，最现实的、最行之有效的办法就是干出优异的职场业绩，只要职场业绩好了，老板肯定会给你加薪，这是必须的。

第3节　向自己怠慢的那些工作道歉

我在 2012 年 1 月份的时候曾经出过一本职场书《赢在职场就这 6 招》。那本书出版后，出版方没有特意要求我对此书做宣传，我心里窃喜，觉得自己可以省力气了，因此，我没有把《赢在职场就这 6 招》放在我博客上进行宣传，甚至没有在我亲朋好友中宣传，很多亲戚朋友都不知道我出了那本书，更别说广大的普通读者了。没有多久，出版方就把稿费一次性打到我卡上了。我更是对这本书不上心了，觉得这本书稿费已经拿到手了，书卖得好坏与我没有任何关系，那都是出版方的事情。

但是，2014 年年初的时候，我有九部书稿想要出版，在与出版社接触的时候，毫不例外的，每家出版社都详细地问我以前出过什么书，我就把前两年出版的《赢在职场就这 6 招》说了出来，然后对方就去当当网等网站看我这本书在网上的销售情况。虽然这本书在网上卖得并不糟糕，但是，也不能说好，只能说是卖得一般。看了这本书的销售情况后，一些原本看好我书稿的编辑打了退堂鼓，感觉有些市场风险。有的编辑虽然没有丧失信心，但是，选题上报后，出版社负责选题、负责发行的领导在网上看了我那本书平平的销售情况后，也开始犹豫起来……

虽然最终我的九部书稿都签订了出版合同，但是，中间的艰难和曲折真是让我身心疲惫。这些艰难和曲折最大的原因是源于我第一本书网上销售情况的"一般"。

　　这个时候，我非常后悔自己当初没有卖力地宣传、推销自己的这本书。写稿子多年，我与很多报刊社的编辑都比较熟，当初给一些报刊编辑寄样书的时候，这些编辑甚至热情主动地说："我把这本书在我们的报纸(杂志)上给你宣传一下吧？"我说道："不用宣传，稿费都给我打卡上了，这本书卖得如何与我无关！"我当时想的是即使这本书卖得再好，根据已经签订的出版合同，我的稿费也不可能增加了，如果这样，我卖力地宣传不等于白费力？于是，我就没有干这些"傻事"。现在回想起来，那只能证明我是个十足的傻子，是个非常"短视"的傻子。如果我当初主动宣传、主动推销，书肯定会在网上卖得好些。卖得好些，至少可以让我后来的九本书在签订出版合同的时候顺利一些。

　　我个人的出书经历其实与很多人的职场经历是一样的：一些上班族觉得反正老板每月给我开固定的工资，拼命干好也没有多大意义，还不如优哉游哉地混日子呢，只要工资按时发即可。这种想法其实很短视。因为你不可能永远在一个单位工作(这样的工作态度也不可能在一个单位待很久)，那么，在寻找新工作的过程中，有聘用意向的单位就会多方面、多渠道地考察你以前的工作业绩。这个时候，你的工作业绩比你的求职简历重要一百倍，因为以前的工作业绩代表着你的能力、你的经验、你的责任心，甚至代表着你的工作潜力。有招聘意向的单位就是根据这些决定到底用不用你，以及如果用你后给你月薪多少。

　　先前出的书能影响以后出书的难易。

　　先前的工作业绩能决定以后工作岗位的好坏以及薪资的丰厚或者菲薄……

　　于是，我现在开始重视自己图书的宣传和销售了。

　　于是，我现在开始重视主动地、积极地、不计薪酬地工作了。

　　我把自己出书经历写进文章中，就是希望各位职场同仁能够珍惜目前的工作，能够尽力干好目前的工作，然后再展望其他的职场"高山"，而后再展望自己美好的职场未来。

第4节 如何把泥饭碗变成金饭碗

蒋薇大学毕业后进入一家公司做出纳，这是一家小公司，薪资待遇很一般。蒋薇的母亲很是发愁，觉得自己女儿端的是泥饭碗，这饭碗很不靠谱，随时都有掉下来摔碎的可能，蒋母整天唉声叹气的，蒋薇安慰母亲："妈，您就放心吧，我以后肯定能端上金饭碗的！"

蒋薇在工作之余坚持充电学习，她报考了助理会计师。通过助理会计师的考试后，蒋薇因为既有工作经验又有专业证书，她跳槽去了一家大型民企做出纳。

工作之余，蒋薇继续充电，又过了两年，她通过了会计师的考试。

蒋薇以前逛网店，后来觉得逛网店太浪费时间了，东看看西看看，对自己的工作技能没有任何的提高，于是她改逛网店变为逛会计专业的论坛，并且加入了很多的会计 QQ 群，在专业论坛和专业 QQ 群里，简直可以说是高手云集啊，里面居然还有世界五百强企业的财务总监，也有很多四大会计师事务所的专业精英。

在泡论坛、在专业 QQ 群聊天中，蒋薇学到了很多实际工作经验，这些实际经验帮助蒋薇解决了很多工作上的困惑，让她的专业技能更上了一个台阶。

考注册会计师的时候，《财务成本管理》和《审计》需要数学比较好，于是，蒋薇又专门报考了辅导班学习《财务成本管理》和《审计》，辅导班是周末，于是蒋薇周一到周五白天上班，晚上逛专业论坛或者复习功课，周末去辅导班学习，就这样学习了一年，对蒋薇来说很难的《财务成本管理》和《审计》终于被她拿下了。

考了注册会计师后，蒋薇的身价一下子就上涨了，她投出去求职简历三天内，接到五家大公司的面试通知，参加面试后，被四家公司录用，蒋薇经过慎重考虑后，最后去了一家薪资和福利都很好的英国公司做了财务总监，年薪一百三十万。

这个时候，蒋薇的妈妈再也不担心女儿的职场前程了，她没有想到女儿这么厉害，仅仅六年的时间，就从一家小公司的小出纳成长为大公司的财务总监。女儿有这么厉害的专业技能，蒋妈妈相信女儿一辈子都不会失业，而一辈子不失业，那不就等于端上了金饭碗？

职场小贴士：

职场中，一些工作含金量不高资历又浅的上班族端的饭碗像是泥做的，随时都有掉下来打碎的可能，只有通过行业论坛、行业 QQ 群等方式多向行业内高人学习，才能提高实际工作水平，只有不断学习、不断考取相关的资格证书，才能不断提高自己的专业档次。当专业技能和专业档次提高了，当行业工作经验积累得非常丰富了，身价自然会上涨很多，这个时候自然就会成为行业内的香饽饽，从而也就端上了永不失业的金饭碗。

57

第5节　怎么排除职场上的"情感地雷"

很多职场中人都有多次这样的经历：因为同事无意冒犯了自己，引得自己一时情绪失控大发脾气，把对方惊得目瞪口呆。从此，一些见识了你"坏脾气"的人就对你敬而远之。冷静以后会非常懊悔，因没有很好地控制好自己的情绪而得罪了人。

情绪失控而大发脾气等于是"情感地雷"被触碰而发生的"爆炸"。怎么排除职场上的"情感地雷"，从而赢得职场好人缘？按顺序，分为这么三个步骤。

找出"雷区"

杜婧是家公司的会计，表面上看，她是个温柔的女孩，但是，她单位的同事都知道她是个坏脾气，如果不是因为报销发票、核对工资等必须接触的事情，单位同事一般都采取"惹不起躲得起"的策略，这让杜婧很是烦恼。为了改变职场中的孤独处境，为了改善与同事的关系，她下定决心排除自己的"情感地雷"。

杜婧在自己很冷静的时候，耐心地寻找自己的"雷区"，也就是别人容易引起她发火的地方。因为职场的缘故，她养成了严谨、踏实、守时的好习惯，她最反感的就是具有上面一条或者数条缺点的人，遇到这样的人，她常常会情不自禁地发火。

找出自己职场上的"情感雷区"后，杜婧就在心中反复叮嘱自己一定要耐心、冷静。她甚至在手机上写着"耐心冷静，谨防发火"，每天开机的时候，她就能看到这几个字，以此给自己时刻"警钟长鸣"。

职场小贴士：

因成长环境的不同或者从事职业的不同，每个职场中人都有着各自的"情感地雷"。例如从事库房管理工作的人追求"精确"，从事财务或者研发的人注重"严谨"，从事销售或者市场工作的人注重"大方、得体"等。只有找出自己的"情感地雷"，才能够有效地预防"被触发"，才能够有效地进行排除。

大方"公示"

杜婧在中午休息或者其他工作之余，喜欢推心置腹、大大方方地告诉同事："我这人有点较真，也缺乏耐心，以后和我工作上有预约的，一定要准时前来办理啊，要不然，说不定我脾气就上来了，这是我的缺点，希望大家多多体谅、多多监督我改掉缺乏耐心之类的坏毛病啊！另外，需要报销的单据要提前整理好并统计好精确的数额，别到了我这里，我一问你三不知的，这也容易让人上火。"

杜婧这么一解释，等于给大家打了预防针。于是，预约找杜婧办公事的同事，一般不会再拖拉了。销售员出差回来后也知道把发票整理好后再

58

来报销，而不是像以前那样把一堆发票随便往桌子上一扔就要钱，这样大大降低了杜婧被挑战的频率。

职场小贴士：

俗话说"江山易改，本性难移！""情感地雷"因为"埋藏"得深，不是那么容易被排除的，所以，经常广而告之让大家尽量避开"情感地雷"，有利于大大减轻对同事的情感"伤害"。另外，自己主动告知了，还显得自己做人真诚坦荡，能获得大家的好感和谅解。

逐个"排除"

有些销售员拿着一叠发票前来报销，杜婧会问："这一共是多少钱？"一些人会说"好像是多少"，或者说"大概多少"。杜婧以前一听这样的话就来气，讽刺道："好像多少？大概多少？那我怎么给你报销？报销个大概？"。现在，她会笑嘻嘻地说："那你整理好发票统计好数额，然后我给你报销。"

有的销售员临出差前，需要从单位借出一部分钱(回来后用发票相抵，多退少补)，但因销售员工作性质的关系，不经常坐班，要时常出去拜访客户。因此一些销售员打电话说下午四点前来单位拿钱出差，可是，到了五点半了，大家都下班走了，销售员还没有来。这个时候，杜婧就会拿出本预备好的杂志，边慢慢翻看边等着来人。对方终于赶到了，一脸的抱歉。以前，杜婧会火冒三丈地说："你让我白等你多久了？浪费别人的时间就等于谋财害命！"现在，面对连声道歉的销售员，杜婧笑眯眯地说："没有关系的，临时有点事情很正常。"然后给对方数钱，让对方打欠条。对方见杜婧居然没有发脾气，非常不好意思，一个劲地道谢。

公司的出纳是个刚毕业没多久的女孩，玩心比较大，上班的时候在网上偷菜，在QQ上聊天，有的时候甚至会偷偷地看电影，工作积压一大堆。会计和出纳的工作有着很大的联系，很多时候问题卡在出纳这里，大家却埋怨会计杜婧，于是她对这个工作不踏实的出纳非常来气，以前喜欢凶巴巴地瞪她。有时候，出纳在网上偷菜，一抬头，看到杜婧眼睛里投过来的"凶光"，吓了一跳，赶紧去工作。因为杜婧是老员工，出纳这个新人对她还是有些惧怕的，担心杜婧会向领导告状。

决定排除自己的"情感地雷"后，杜婧会和气地问："某某的钱打过去了吗？""某某报表做好了吗？这个是老总等着要的啊。"这时，出纳就会及时从玩心中醒悟过来，赶紧工作。时间久了，出纳觉得杜婧脾气很好、很有亲和力。

职场小贴士：

在反映战争或者刑侦的电影或者电视中，我们可以看到排雷专家在排雷的时候是非常冷静、谨慎的，针对不同种类的地雷，排雷专家会采取不同的排除方式。职场中，我们排除"情感地雷"也应该如此，首先冷静，然后采取一些行之有效的办法去排除一触即发的"情感地雷"，避免"爆炸"伤人。排除"情感地雷"，不仅保证了别人不受到伤害，也有效地培养和保持了自己的好人缘，给自己提供了一个在职场中良好发展的空间。

60

第6节　老虎也有打盹时

作为同家猎头公司业务部的骨干员工，祁雪和王晴很是惺惺相惜：她们俩同年到这家猎头公司上班，两人的业绩在业务部数一数二，每个月的业绩评比，前两名都是她们俩。两个人互相佩服也互相尊敬，算是相安无事。

去年年初，业务部招聘来的一个新员工张萌居然是匹"黑马"，连续四个月的业绩都在业务部排名第一。弄得这四个月中，祁雪和王晴各有两次被挤到第三名的位置上，这是以前从来没有的事情，为此，争强好胜的祁雪非常恼怒，觉得这个职场新人有损她的面子。

其实，张萌也不是职场新人，她在另外一家猎头公司工作了三年，很有工作经验，手里积攒了庞大的客户资源。但她是刚跳槽来的，在祁雪的眼里：你刚来这个公司不久，你就是新人。

一天，业务部主管发布了一条重要需求信息：一家大型外企需求一名研发部经理，需要已经在这个职务上任职六年以上的人。于是大家就开始打电话联系各自的人才资源，最后张萌找到了一个合适的人选，并且顺利地和用人单位签订了合同。

张萌招聘的这个人，祁雪也认识，并且也有他详细的联系方式，只是好久没有和这个人联系了，一时没有想起这个人。

又被"新人"占了先机，祁雪恼羞成怒，她非常恼火地指责张萌："你太没有职业道德了，这个人我四年前就认识，那个时候，你还读书，还没有进入这个行业呢。你看，我这通讯录上就有他的详细联系方式，你问问他，我们四年前是不是就认识？"人如果过分争强好胜站高枝，就会容易冲动，就不会冷静地考虑问题，说出的话有时候就比较离谱。不管你早认识多少年，但是，你为什么没有联系成功？你说忘了，那好，你忘了，就不允许别人"不忘"？祁雪的话被张萌抓住把柄，然后和她争吵起来。这件事最后惊动了老总，老总听后长叹口气，然后把祁雪叫到办公室狠狠地批评了一顿。这个时候，祁雪已经冷静下来，知道自己理输，白白丢一次人，于是对张萌更加怨恨。

从此，这两个骨干员工就不断地争斗，弄得两人每天都很紧张，不知道对方何时发动新的进攻。

对于部门里突然冒出的一个业绩"黑马"，王晴很想得开，她劝说祁雪道："谁也不可能永远站高枝，你也不是铁人，没有必要这么争强好胜，既然业绩如今有这个张萌'黑马'顶着，我们就放松下自己，好好调养下多好呢？就是老虎，还有打盹的时候呢。这几年，我们一直高强度地工作，也该让自己休息下了。"对于王晴的劝说，祁雪不以为然："一个小丫头刚进公司就站我头上，我不吃馒头还蒸(争)口气呢，必须和她比出个高低来，这个公司里，有她无我，有我无她！"

见祁雪不听劝告，王晴只得作罢。

结婚三年，为了工作，王晴一直没有要孩子，既然公司里来了个业务高手，王晴身上的工作压力也就小了很多，于是，她和老公商量后，决定要个孩子。

怀孕后，王晴依然低调地工作，不和任何人去争高低。

休完产假，王晴回到公司上班，她大吃一惊：几个月没见，祁雪显得非常憔悴！王晴问道："你脸色怎么这么差？"祁雪恨恨地低声说："还不是被张萌这个克星气的！"

老总一直为祁雪和张萌的争斗而头疼不已，业务部已经被她俩搅得不得安宁，看王晴休假回来了，知道业务部的业绩不会因为人事变动而大落，于是，决定把祁雪辞退，因为很多争端都是她主动挑起的。

工作能力很强、心气很高的祁雪落了个被公司解雇的结局，王晴在心里暗自叹息：作为老员工和业务骨干，祁雪的工资待遇比较高，好好地在单位待着多好？工作平心静气地干呗，为什么非得和别人叫板，为什么非把自己的身体气坏还落个被解雇的下场呢？真是不值得！

职场小贴士：

职场中，一些骨干因为过于争强好胜，因为爱和别人发生冲突，结果气坏了自己的身体不说，往往职场结局还不太美妙，不是被解雇就是被老板"冷落"。职场中，一定要保持好心态，每个人都不可能永远站在高处，有时候，当"跳槽"来一个很有锋芒，业绩又非常好的"新同事"的时候，让疲劳的自己乘机休整一下，不失是一个明智的选择。

第7节　离老板的秘密远一些

张卫是一家公司的人力资源部经理，是公司的老员工了，公司百分之八十的员工都是他亲自招聘过来的。他招聘的时候，把关比较严格，招聘进来的员工能力一般都比较强，张卫深得老总的信任。

公司有个王牌销售叶锋，已经连续五年是公司的销售冠军了。去年年初，叶锋利用妻子的名义在外面开了家公司。他利用多年来积攒下的人脉给他自己的公司拉走了很多业务，这在公司里已经不是什么秘密了，但是，公司上下都装作不知道。因为销售冠军在公司是红人，大家怕捅破了这层窗户纸会产生严重后果，这个责任谁也担当不起，别说是公司的员工，就是老总也没有办法，不知道如何处理这个棘手的难题。

以前，叶锋每年都能给公司销售一千多万的产品，但是，去年上半年，销售额急剧下降，才销售了三百多万，如果这么计算，全年也不过是六百多万的销售额，老总明白，这是因为很多销售额分流到叶锋的公司里去了。老总越想越生气，但是，却没有办法。因为如果开除叶锋，那就意味着剩余的每年六百多万的销售额也将消失。

从理智上，叶锋还是公司的骨干，为公司创造可观的销售利润，还是不可替代的人才，老总还能容忍叶锋的"私心"。但是，从感情上说，叶锋拿着公司的工资还干着私活，老总接受不了。

老总左右为难，一直不知道该如何解决这个问题，但是，表面上还是不动声色，并且老谋深算地经常鼓励和表扬叶锋。

一天，老总实在苦闷，于是就在下班后找张卫去饭馆喝酒："聊聊单位里一些员工的思想动态。"老总刚说这话的时候，张卫就敏锐地感觉到老总是准备聊叶锋的事情。当时，他完全有借口不和老总讨论这个棘手的事情，因为岳父在住院，他需要前去护理。但是，他想，既然老总想和他聊知心话，想说说心中的秘密，他应该珍惜老总的信任，于是，就给妻子打电话，让她下班后直接去医院护理，他还有些工作上的事情，得晚点才能去医院。

饭馆里，老总很郁闷，掏心窝子说："叶锋这小子，我是暂且容忍他，等我想出办法了，我一定要好好地收拾他，反正他在公司里待的时间不会长了，再这样下去，公司里其他的销售员都会受他的影响，都会在外面成立小公司。如果容忍这种吃里爬外的情况，咱们公司还怎么生存？"那天，主要是老总说话，张卫在听老总的倾诉。这个时候，张卫才明白，老总其

63

实更需要倾诉内心的烦恼和秘密。

老总说完后，心情开始轻松起来，他反复叮嘱张卫一定要守口如瓶，如果让叶锋知道了今天的聊天内容，他直接拍屁股走人，也不和公司办交接，把那些客户直接带走，就麻烦了。更严重的是，叶锋销售出去的产品，还有几百万的货款没有回来呢，如果叶锋走了，这些货款几乎就会成为呆账，他近期要赶紧催叶锋把以前的货款要回来。

张卫和叶锋都喜欢足球，很多时候，叶锋在午休时间就跑到张卫的办公室里聊足球。老总和张卫喝酒的第二天中午，叶锋又坐在张卫的办公室里聊足球。张卫正和叶锋聊天的时候，老总经过办公室，特意在办公室门口驻足一下。当时，叶锋的座位背对着老总，张卫坐在叶锋的对面，张卫清晰地看到老总对他投以意味深长的一瞥。他刚准备站起来和老总打招呼，老总已经冷冷地拂袖而去，张卫心里一惊，知道事情很糟糕。

半个月以后，叶锋突然向公司递交了辞职书，还没有等公司批准，他就扬长而去，以前的很多货款也不帮助公司向客户讨要了。老总非常恼怒，亲自给叶锋打电话，问他为什么不正常办理交接手续，为什么给公司弄个措手不及？为什么给公司造成这么大的损失？叶锋在电话里讽刺说："什么措手不及？你不早就想收拾我了吗？我在那还有什么意思呢？干脆辞职得了。别以为自己很聪明，早有人告诉我你要收拾我了！"其实，这是叶锋的"胡搅蛮缠"，本意就是推卸自己没有正常交接的责任，他根本不知道老总找张卫谈过话。但是，老总听后，却觉得是张卫告密才使得叶锋提前辞职的，联想到他们两人经常一起聊天，老总更断定是张卫告密了。此时，老总恨张卫胜过恨叶锋。

很快，老总就挑出张卫工作中的几处小失误，然后撤掉了张卫人力资源部经理的职务，"发配"他当了男员工宿舍管理员，工资只是以前的四分之一。张卫几次想向老板说自己"没有告密"，但是，这样的解释会给老总留下"心虚"的印象，只得放弃解释。张卫觉得再待下去很没有意思，于是黯然辞职。

职场中，一定要远离老总的秘密，因为一旦这个秘密"泄露"或者被当事人"破译"，那么，由此产生的严重后果，老总就会记在你的头上，觉得自己看错了人，那么重要的秘密怎么能让他(她)知道？

　　远离老板的秘密，就是远离那些是非，就是远离那些莫名其妙的职场"灾难"。

职场小贴士：

　　每个人的隐私、每个人的秘密都不愿意让外人知道，职场上更是如此。老板的秘密牵涉到经营策略、人事的未来动向、公司实际经营状况等，都是事关企业发展和稳定的大事。如果知道老板的秘密，如果这些秘密经过其他渠道被扩散，自己就会受到老板的怀疑以及"嘴巴不严"的怨愤，从此不会受到重用甚至还有可能被解雇。因此，职场中，离老板的秘密越远自己就越安心。

第8节 "夹心饼干"如何成为职场香饽饽

　　职场中，很多时候，"上下"很难全：老总喜欢的部门领导，员工不喜欢；员工欢迎的部门领导，老总不欣赏，成为了左右为难的"夹心饼干"。但是，我在职场中见过一个受到上至老总下到员工热捧的部门经理高敏，她之所以能得到上上下下的一致赞赏，主要是凭借三点：热心一点、大方一点、大度一点。

热心一点

　　高敏是我们公司人力资源部的部门经理，在这个三百多人较大规模的公司里，人力资源部工作量很大，负责公司的招聘、员工的保险办理、日常的考勤、车辆的调度、办公用品的采购以及快递的寄发等，虽然名为人力资源部，其实，担负的是人力资源与行政的功能。

　　作为部门经理，高敏对下属很关心。部门的员工感冒了，高敏总是及时去单位附近的药店买来感冒药给员工，并且热情地用一次性纸杯亲自从饮水机给员工接来开水，弄得员工的心里暖暖的。员工要给高敏买感冒药的钱，高敏手一挥，笑嘻嘻地说："得了吧，你这不是损人吗？我还掏不起这十多元钱？就算我友情赞助了！"然后反复叮嘱对方按时吃药，多喝开水，晚上下班回家后，要多休息少熬夜……高敏的关心令员工非常感动。

职场中普遍存在老员工欺负新员工的现象，高敏经常苦口婆心地对大家说："大家出门在外，都不容易，千万不要相煎！不管老员工还是新员工，都要互相尊敬互相帮助。"高敏要求部门进新员工的时候，大家一定都要起立给予掌声欢迎新员工。于是，每个新员工到了这个部门，都能看到热情的笑脸和听到热情的掌声，立即感觉这个集体很是温暖。

新员工刚来工作，业务不熟，高敏总是指派老员工作为新员工的"师傅"传帮带。遇到加班，高敏不是下了指令后，自己一走了之，而是亲自带着大家加班。她说："我是你们的直接领导，所谓直接领导，就是直接领着你们干活，直接指导你们工作的。"

由于高敏对下属很关心、很体贴，深受下属的欢迎。

大方一点

作为部门经理，高敏每个月的工资和奖金比较高，每个月，她总会至少一次自掏腰包请自己部门的员工吃饭。吃饭的时候，她总是对大家支持她的工作表示感谢。

去年年末，公司评优秀部门经理的时候，高敏以绝对优势当选为公司唯一的优秀部门经理，获得奖金三千元。获得奖金后，高敏立即去附近的超市买了六个红包，每个红包装了二百元，算是自己给部门每个下属的心意。她真诚地对大家说："能评为公司的优秀部门经理，这和大家对我工作的支持是密不可分的，如果大家都不好好干工作，如果咱们部门的工作一团糟，我是肯定评不上优秀的，所以，这个红包就算是我对大家的一点心意，也算是我对大家的感激。"高敏的红包，温暖了每个下属的心，这件事被老总知道后，老总禁不住在心里暗暗赞叹，觉得一个部门女领导，做事情能这么大方、这么讲究，真是不容易。

大度一点

高敏是个本科生。前年，公司里招聘了一个名校的研究生陈菲，分在了高敏的部门。陈菲自认学历比高敏高，不把高敏看在眼里，有时在部门开会的时候，陈菲还在会上当着大家的面顶撞高敏，高敏虽然十分生气，但是，她并没有给陈菲穿小鞋，而是私下里找她交谈。交谈的内容有三点：第一，这个部门经理是老总任命的，如果对方不服气，可以找老总反映去，如果老总撤换掉高敏，让陈菲去当，她高敏没有任何意见，一定会服从陈菲的领导，好好干自己的本职工作。第二，如果陈菲向老总反映后，老总不给予调换，那么，高敏不会让陈菲继续在自己部门工作，如果其他部门也不收留，那只好请她辞职。第三，如果以后好好工作，高敏肯定既往不咎。

陈菲是个聪明人，回去考虑了一晚后，感觉形势严峻，第二天一大早上班后，就主动向高敏承认了错误。

见陈菲能够主动承认错误，高敏很是欣慰，从此，她真的既往不咎。陈菲虽然心高气傲，但是，工作能力还是比较出众的。对于陈菲的工作能力，高敏不但在部门会议上给予肯定，就是在老总面前，也不断给予美言。后来，公司在上海开设一个分公司的时候，在高敏的力荐下，陈菲当了分公司的经理，从职务上，算是和高敏平起平坐了。历练两年后，陈菲已经磨去了当初的棱角，成熟了很多，对于给自己职场帮助的高敏，她心怀感激。

大家看到高敏能够这么善待当初部门里的"刺头"，都对她非常佩服，觉得她很大度，处处为公司着想。老总更是感慨，高敏不但能带领团队出色地完成工作，而且还能够为公司培养和力荐人才，并且力荐的人才还是以前经常"冒犯"她的人，高敏有这样的度量，真是难得，于是，老总更加器重高敏。

职场小贴士：

在职场中，如果能对同事以及下属做到"热心一点、大方一点、大度一点",那么,在职场中,人际关系一定很和谐,与大家共同工作得一定很默契,工作效率也会很好,业绩自然也不会差。只有做到了这三点,才能够在职场中走得更顺、更远。

第9节　别在最能吃苦的时候选择安逸

我二十岁刚出头的时候还在老家工作,日子过得很是悠闲,每天晚上以及周末的时候喜欢和朋友在一起聊天、吹牛,喜欢在夏天马路边的大排档喝啤酒聊天。喝啤酒聊天,能从晚上的七点多钟聊到晚上的十一、二点。回到家后,不睡觉,还打开电脑在网上东遛遛西看看地消磨时间,一般凌晨两点才睡。小城市,不堵车,上班的地方也近,第二天早晨七点起床,上班照样不会迟到,每天只睡五个小时依然精神抖擞,年轻确实好啊,精力充沛。

后来,我去了深圳工作。在深圳的时候,每天晚上下班后,我在外面饭馆吃完饭就回到租房处玩电脑游戏,经常是从晚上八点一直玩到凌晨一点,第二天早晨六点钟起床上班,依然是精神抖擞。

深圳工作几年后,我来到了北京。随着年龄的增长,这个时候,我感觉到自己的精力远远不如以前了,已经开始无法熬夜了,经常晚上十一点钟的时候就哈欠连连,如果强制自己不去睡觉,那么,就会不由自主地坐在椅子上睡着了。有次睡着了身子一歪还差点摔倒在地上,多亏我及时惊醒并且下意识地用一只手撑住了地,用另外一只手抓住桌子角,这才没有摔在地上。

后来,我结婚了,有了孩子,可供自己支配的时间更是少得可怜:晚上下班后回家(因为距离上班的地方远,中午就一个小时的休息时间,没有办法回家),家里请的有照顾孩子的阿姨,人家白天照顾孩子一天了,现在我和爱人下班回家了,总得腾出时间让人家休息休息吧?看护孩子的阿姨,必须照顾人家的情绪。于是,我和我爱人一个人看孩子,一个人做饭,吃完晚饭后，依然是一个人看孩子，另外一个人收拾碗筷打扫厨房。打扫完厨房后，还得把客厅与卧室的地板擦一遍(早晨的时间太紧张，需要急忙忙地赶着去上班，没有时间擦地板，只能是放在晚上擦)，忙完这一切后，然后给孩子洗澡，给孩子洗完澡，一般是晚上九点多了，爱人带孩子睡觉，我去写点稿子。但是，这个时候依然不能安生。因为孩子上午和下午各睡了一觉，晚上精力充沛得很，就在床上闹、在床上玩，弄得我爱人没有办法睡觉。看爱人哄孩子哄得很是辛苦，于是我就把孩子抱到客厅玩，让爱人赶紧睡会，因为她半夜还得起来给孩子喂水、喂奶。一般快十二点的时候，孩子自己闹累了、闹困了，然后才睡。我把孩子送到爱人身边，我才有时间继续写我的稿子。实在困得不行，我就站起来在电脑上写稿子，因为站着弯腰打字太辛苦，我就把孩子洗澡用的长型塑料盆倒扣在桌子上，笔记本电脑垫在倒扣的塑料盆上，然后在上面打字写文章。

周末的时候，家里要进行卫生大扫除，要去超市和菜市场采购，要带孩子出去玩，有时候还要接待来访的客人，周末的时间也够紧张的，真正能用在写作上的时间也不多。

尽管成家有孩子后，我业余自己可以支配的时间非常少，但是，正是这几年，我在写作上有了突飞猛进的发展，2014 年的年初，更是与几家出版社签订了九本书的出版合同。之所以近几年在时间紧张、精力不如以前的情况下，我还在业余写作上出了些成绩，主要是因为我学会了珍惜时间。

我个人的经历说明：人在二十出头的时候，正是干事业的好时候，那个时候，精力非常充沛，每天睡四五个小时照样精神抖擞；那个时候，相对来说，生活可以很简单，可以腾出大量的时间；那个时候，也是人生中很有激情的年龄段，最有冲劲。如果那个时间全身心地投入到工作中去，我相信，那进步的气势将是锐不可当的。

我是用自己的业余爱好来说明时间、精力、冲劲的宝贵，来说明二十多岁正是干事情的好时光。年轻的朋友们，不要把最能吃苦的时候用到享受安逸上，如果当你把最能吃苦的时候用在工作中，几年后，你就会获得意想不到的职场惊喜。

69

第 10 节　不谈忙，谈成绩

前几年，我做人力资源部经理的时候，我很欣赏一名下属。这名下属是人事助理，她每天工作非常忙，但是，她每次向我汇报工作的时候，从来不说她是如何如何地繁忙，只是向我展示她的成绩：经理，从周一到周三，我看了 477 份求职简历，从里面选了十个比较优秀的人选，这十个人的简历我打印出来了，请您批阅；经理，您让我重新制定的考勤制度，我上午制定好了，现在打印出来了，您先看看，有不合适的地方您在这上面注明，下午不是有员工培训吗？我先带他们培训去，等培训完我回来后，考勤制度如果有不合适的地方，我会按照你的指示修改的；经理，我这两天在处理那两个离职员工的劳动争议问题，经过我和对方的艰难沟通，总算达成了协议，对方同意不申请仲裁了，就按照咱们先前答应的条件解决……

这个人事助理向我汇报工作的时候，她的近期工作成绩是一目了然或者是一听了然，看完(或听完)她的汇报，我就知道她工作得很辛苦也很有工作成效，但是，她从来没有说自己如何如何的忙，这让我对她刮目相看。

后来，我被公司提拔为副总的时候，在我的推荐下，这个人事助理被公司任命为人力资源部经理，事实上，我确实没有看错人，她在这个岗位上干得很好。

当了公司副总后，我分管公司的人事以及生产基地的工作。我们公司的生产基地在郊区，一共有三个生产车间。每次我去生产基地的时候，一车间、二车间的车间主任都向我邀功："我们车间每天加班到晚上七点钟，周六的时候也加班，每天都很忙！"；"我要求我们车间的工人们要敬业爱岗，要用勤奋工作回报公司对他们的栽培，在我的号召下，工人们都积极配合，已经把上班时间从以前每天的九点钟提前到现在的每天八点半，把下班时间从以前的五点钟延迟到六点钟，大家很忙、很充实，每天都忙得热火朝天的……"

　　这两个车间主任都向我表白他们的辛苦，表白他们的忙，但是，人家三车间的主任就不忙表白，人家只汇报工作成绩："上次您把订单额度的百分之四十分给了我们车间，我们明天就可以完成，大家工作得很认真，报废率不足千分之三。""上个月，我让机修工把所有的车床彻底维修、保养了一遍，结果工作效率确实提高了，磨刀不误砍柴工！这个月你分配我们的生产任务下午就能保质保量地完成，剩下的几天时间，如果兄弟车间需要我们帮忙，我们完全可以帮助他们生产一些……"

　　一车间和二车间的主任每次都强调他们很忙，但是，强调这个有什么用？在机器配置、人员配置一样的情况下，每次的生产任务都没有三车间完成的好，并且一车间和二车间生产的产品报废率远远高于三车间。遇到紧急任务的时候，三车间在保质保量地完成任务的前提下，还能援助一车间和二车间！我就不明白，一车间、二车间的主任怎么好意思经常在我面前喊忙，忙什么了？成绩呢？穷忙啊？瞎忙啊？

　　生产基地有个主任，算是这三个车间的直接领导。后来，这个主任被派往外地的一个分公司担任分公司经理，临走的时候，他把一车间的主任推荐给我，意思是让一车间主任担任空缺下来的主任职务。被我否决了，我提拔的是三车间的主任……

职场小贴士：

　　职场中，很多员工老是强调自己忙，自己每天都很辛苦，好像"忙"就是敬业，好像"辛苦"就是"有苦劳"。老板拿真金白银付给你工资，老板需要的是你的成绩而不是"瞎忙"，需要的是你的"功劳"而不是劳而无功的"苦劳"。明白这个道理后，希望以后那些喜欢打苦情牌的员工们要注意工作效率，要踏实地、勤奋地工作，争取在领导面前自信满满地汇报你的成绩而不是打马虎眼妄图蒙混过关地谈你的瞎"忙"。

第四章

向看不起你的人学习

第1节 承认自己的不完美

以前，我很疑惑，不明白一些大学里成绩优异的人到了职场怎么老是掉队，怎么不像学习上那么出色、那么拔尖呢？后来我明白了，那是因为他们常常固执地认为自己非常优秀，拒绝承认自己的不完美，从而拒绝在职场上进步。

苏琪是从上海一所名牌大学毕业的，到我们人力资源部办入职手续的时候，她就拐弯抹角地告诉我：她高考的时候是他们那个县的文科第三名。古代殿试的第一名是状元，第三名是探花，于是，我就随口开玩笑道："很厉害啊，你是你们县的高考'探花'啊！"听我这么说，她高兴得眉开眼笑，无视我工作的繁忙，开始唠唠叨叨地讲述她与状元差了几分，与第二名差了几分，意思就是差距非常小，她这第三名很有些委屈，应该和他们平起平坐才对。我当时正忙，已经给她办好入职手续了，我随口说道："是挺可惜的，你与她们差不多是一样厉害的，我有点忙，回头再聊啊！"听我这么说，她很高兴又有点失落，然后离开了，我明白她的失落是因为我忙而没有时间听她讲述学习上更多的辉煌。

过了一个星期后，苏琪气呼呼地到我办公室里问我："我们部门的蔡红是哪个学校毕业的？"这话问得莫名其妙，我好半天没有反应过来她问这是什么意思。见我很迷茫地看着她，苏琪推了推鼻梁上的眼镜，怒气冲冲地说:"我们部门的蔡红老是说我工作上这做得不对那做得不对的,我很恼火,她怎么这么喜欢冒充专家?我怎么可能做得不对?我就是想打听下她什么学校毕业的,是不是重点院校毕业的,看看她的来路,看看她有没有指责我的资格!"我的天啊,这个思路真是太雷人了。说实在的,我们公司员工的学历证书也就是办入职手续的时候复印一下,然后存档,都已经走上职场了,大家关注的是你工作能力如何,关注你会不会在职场上为人处世,谁还关注你是哪所大学毕业的?

我不能参与这件很八卦、很可笑的事件,我只得说:"公司这么多人,我怎么可能记住每个人的毕业学校?另外,档案属于个人的机密,没有领导的批准,我不能给你查蔡红的档案。"听完我这话,苏琪居然很胜利地笑了:"噢,我明白了,蔡红肯定是从一所不入流的学校毕业的,她是老员工了,你不好意思损她的面子,故意打马虎眼的!"我的天啊,她怎么这么理解啊!她爱怎么理解就怎么理解吧,我继续我的工作,她待着无趣就离开了。

苏琪工作中出现的错误,好心的老员工给她指出来,她不听,她觉得自己从小学到大学,成绩一直都很优异,自己一直都很"正确",怎么能在工作中出现错误呢?那是你们在找茬,那是你们鸡蛋里挑骨头,那是你们嫉妒我的优秀!于是,她固执地不承认自己工作中有错误。部门经理指出她工作上的错误,她依然不改正,她觉得改正错误就等于承认自己不完美,就等于承认自己失败。作为职场新人,工作上不懂的事情很多,应该多多地虚心请教老同事才能进步。但是,苏琪就是不请教别人,因为请教别人就等于承认了自己不如别人啊!

读书成绩好弄得苏琪很自负,这种自负的性格简直坑了她,三个月的试用期过去,她被淘汰了。

职场小贴士:

学习成绩好不等于在职场上就是万事通!忘记自己以前所取得的学业上的成绩,承认自己的不完美,虚心请教,勇于改正错误,才能在职场上

73

进步，才能在职场上真正地成长。

第2节 狐狸已经使上电磨了

要说我们公司最勤奋的员工，那就是周佳了。我们公司上午九点上班，人家一般八点就上班了，有公司的保安与阿姨为证！我们公司一般是晚上五点就下班了，但是，人家周佳一般能忙到晚上七点多钟，有保安与我们老板为证。保安需要值班，我们老板需要等客人吃饭。我们老板是个很有意思、很重视时间利用的人，约客人吃饭的时候一般安排在我们单位附近的饭店里，大城市里经常堵车，客人开车堵在来吃饭的路上的时候，老板正不慌不忙地在办公室里办公呢，一般客人怕我们老板等急了，电话中告诉老板："老高啊，我还有十分钟就到"，这个时候，老板才从容下楼去饭店等候客人。我们公司的办公区属于复式楼形式，楼下是员工的大办公区域，楼上是老板以及其他高管的办公室，另外，会议室也在楼上。

每次老板去饭店等客人吃饭的时候，都能看到偌大的办公区就周佳一个人在勤奋地工作，老板每次都劝说："周佳，时间不早了，赶紧回家吧。"周佳虽然答应着，但是并没有收拾办公桌走的意思。

周佳虽然勤奋，但是她的工作业绩一般，只能算是个合格的员工并不能算是优秀的员工，因为她的工作效率比较低。每天工作的时候，大家都是集中精力紧张地工作，即使是去卫生间也是一溜小跑。但是，周佳上班的时候简直是边玩边工作，一会看看八卦新闻，一会逛逛淘宝，一会在 QQ 上和朋友聊天，一会又兴致勃勃地转发短信，工作干得断断续续的。每天下班的时候，别人的工作已经保证质量地干完了，可以快快乐乐地回家去，而周佳却还在单位继续自己的工作。开始的时候，她还安慰自己：自己是单身，回去后也是自己在租房处待着，还不如在单位加班呢。但是，时间久了，她就改变看法了，她把自己当成公司很敬业的人，她甚至开始在心里暗暗佩服自己的"敬业"了，期待老板能看到自己的敬业，看到自己的额外付出，期待老板能提拔重用她。

那些和周佳同等资历甚至比她资历还低的同事先后被公司提拔到其他部门或者是被派到分公司重用了，但是，周佳依然干着很基层的工作，这让周佳很是郁闷。

于是，周佳就找自己的大学同学秦怡倾诉，悲愤地控诉自己在公司里"怀才不遇，得不到应有的重视"。秦怡问清楚周佳平时加班居然是为了完成当天没有完成的本职工作，秦怡无奈地摇摇头，然后耐心劝说道：我给你讲个寓言故事啊。年终评比，狐狸评上了优秀员工，驴子非常生气，他觉得这很不公平，他每天闷头拉磨，狐狸呢，每隔一段时间就到处溜达一会，根本没有他驴子敬业！狐狸笑眯眯地说"你闷头拉磨有啥用？我都使上电磨了，工作效率是你的好几倍！"驴子哑口无言。

听完秦怡这个故事，周佳的脸一下子发烫起来，她明白自己和驴子犯了一样的错误，那就是没有认真提高自己的工作效率。

职场小贴士：

职场里，不要光闷头干活，也要适当地抬头看路，要想办法提高工作效率，这样既勤奋、工作效率又高的人才能走在职场的前头，这样敬业又有工作效率的人才能够在职场中获得重用。

第3节 普通话等级证不是"方言"的老大

前几年，我担任人力资源部经理的时候，我 个大学同学的表弟来我们公司求职。同学提前给我打招呼，让我帮忙。我说："我会尽最大努力帮忙的，你表弟就是我表弟。"

我给同学表弟面试的机会，没有想到，表弟的方言那么重，我支棱着耳朵拼命地认真听，听得还是不太明白。咱不能苛刻地要求招聘的员工像电视台、电台播音员那样，但是，至少说话能让对方明白，至少不能影响交流吧？

我是很想给同学帮忙，但是，我就是帮忙也不能肆无忌惮，也不能帮得太明显，不能太挑战老板的底线。一个方言重得让大家听不明白说什么的求职者很明显不适合进入我们公司。

我打电话向我同学做了解释。估计同学随后就向他表弟反馈了，"表弟"很快知道他的普通话比较糟糕。于是，他给我打电话苦苦要求让我"过了他的面试"，我拒绝后，他依然不死心，居然找到我办公室，他百般解释说自己大二的时候拿到了普通话等级证书，以后进了公司如果有人拿方言说事，他可以把普通话等级证书拿出来给对方看，绝对能堵住对方的嘴巴。"表弟"的话让我哭笑不得，让我觉得荒唐的是，从表弟的表情看，他觉得这个普通话证书可以证明他的普通话非常过关！

同学表弟的普通话等级证书是真实的，几年前利用半年时间，同学的表弟确实勤奋地练习普通话，然后考取了等级证书，但是，自从这个等级证书拿到手后，他一下子就松懈了，又开始继续用他的方言和大家交流，反正经过一年多的磨合，他的同学已经能听得懂他的方言了，交流已经无障碍。由于经常用方言，他的普通话水平急剧下降。

这不是自欺欺人吗？方言说得那么"优秀"，"优秀"得别人都听不懂他的话，优秀得无法正常进行交流。进了公司以后，工作怎么干？难道还得给他配置一个既会说他们那里方言又会说普通话的翻译？

表弟这要求看着比较荒唐，其实，职场中像这样的荒唐人还多着呢，一些人觉得自己学习好，是名牌大学毕业的学生，自己的工作能力一定非常强，因此，就必须给多少多少以上的月薪。但是，他就不明白，学历证书只能证明他受过一定的教育，并不能证明他的实际工作能力非常强，更不能证明他有敬业精神。在不能证明实际工作能力，不能证明敬业的情况下，单位怎么可能会给他与之不相符合的高薪？

同学的表弟本末倒置了，如果想证明自己的普通话说得好，那就在实际交谈中证明即可，不用拿普通话证书来证明。

职场小贴士：

　　职场的很多新人总想费劲口舌地向领导说明自己多么有能力，以后会多么的敬业，这也是本末倒置了。不用费那么多口舌，把你的工作能力，把你的敬业精神拿出来给大家看看，以后领导就会认识到你的价值的。如果你真是人才，老板自然会给你加薪的，你要相信这点，老板是不希望人才流失的，他会用重用以及加薪来使你"稳定"的。

第4节　收起你的熊猫脾气

　　堂弟大学毕业后来上海工作，他与人合租房子。

　　刚搬进去第二天，堂弟就给我打来电话："哥，与我合租的那小子不地道，我问他网线在哪，他明明在屋里就是不开门，后来我边敲门边隔门喊话，问他网线插口在哪，他才懒洋洋地回答我'不知道'，就这傲慢态度，气得我真想一脚把他的门踹开！"我说道："你这就是不讲理了，人家在人家屋里待的好好的，人家不是房东更不是中介，人家没有义务告诉你网线插口在哪，你凭什么要踹人家的门？你记住我一句话：赶紧改掉你这熊猫脾气，要不然，职场上会吃苦头的。"堂弟不置可否地"嗯"了声，算是对我劝说的回答，我就明白他根本没有听进去。

　　刚进入公司工作半个月，堂弟就电话里向我诉苦，原来主管老是找他茬儿，今天这个工作不对，明天那个工作做得不好，但是，他对其他人却很和气。我就劝说道："你那个脾气，整天不把领导当领导看，有你的好日子吗？还有，领导是熬上来的，看着工作清闲，其实，压力也比较大，毕竟带着一个团队，团队出了问题那就是他的问题，他是担着责任的，别老说人家清闲什么的，你还是请你们领导吃个饭，其实，你们领导收入那么高，人家在乎你一顿饭？关键是请吃饭是个态度问题，表明你的感谢和懂事，可以拉近感情，可以缓解矛盾！"一听到我让他请主管吃饭，堂弟立刻火了:"就他那个欠揍的样,我请他吃饭?他想都别想!我工作该怎么干就怎么干,他如果找我的茬,那是他的不对!"我说道:"什么叫找你的茬?例如大家都吃饭去了,屋子就你一人,电话响半天,你离电话那么近,你就不接电话。你们是业务部门,电话离你那么近,你怎么不可以接?"堂弟振振有词:"又不是我桌子上的电话,我为什么要接?还有,那是中午下班时间,我不接也能说得过去,那天主管恰巧进来看到了,然后就拿这个说事,简直是神经病!根本不是我的错……"

堂弟毕业后能进入这家大公司,能被试用,应该珍惜才是,但是,他还是以前的那个脾气,认死理,我让他给主管写封电子邮件,就说自己的普通话不太好,怕接了影响公司形象,以后再遇到这种情况,一定会及时接的!结果他不写,不肯向主管低头。

三个月试用期结束,堂弟很理所当然地被淘汰了。我见到他的时候,他情绪非常低落,一直在怒骂他的前主管是个小心眼。我一直不说话,就听他一个人在那唠叨,他唠叨了半个多小时,感觉很奇怪:"哥,怎么都是我一个人说,你怎么不说几句?"我说道:"我说什么都不管用,你这熊猫脾气大得很,需要吃亏受教训你就老实了!"堂弟不吭声了,能看出他内心还是比较后悔的。

第二份工作,堂弟就聪明多了,干工作多请示勤汇报,还请主管吃了顿饭,感谢主管的关照,主管很高兴,觉得堂弟工作努力又谦虚,还挺懂事,本来试用期是三个月,结果两个月后,堂弟就结束试用期转为正式员工了。

我说这个故事就是告诉一些刚进职场的新人们,收起你的熊猫脾气,要不然,职场会给你下马威,会让你没有脾气的。

第5节 向看不起你的人学习

去年年初的时候,师妹给我打电话倾诉:我想跳槽,我实在忍无可忍了,我有个同事超级讨厌!这个同事自认为资格老,就处处挑我的毛病,还经常大庭广众之下羞辱我,我不能再和她一起共事了,既然她赖在公司不愿意走，那只能是我主动辞职了。

然后，师妹就像机关枪一样哒哒哒地倾诉个不停，主要讲这个同事平时是如何地为难她，如何在众目睽睽下不给她面子，如何经常恶心地卖弄她的资历……

师妹在电话里连续说了将近四十分钟，终于停下来歇了口气。我知道她把心中的烦恼倾诉出来，现在心情好多了，于是我问道："说句公道话，对方的工作能力如何？"师妹沉默了一下，不情愿地说道："工作能力还算可以吧，工作效率比较高，但是这也不能成为她欺负人的理由吧？"师妹讨伐的这种同事，我在职场上见得多了。这种人很多其实心眼根本不坏，就是看不惯别人的工作效率低。例如一项工作，如果此人去做，一个小时就能又快又好地做完，但是，别人做，吭哧吭哧地花了一天半的时间才做完，并且做的效果还不好。于是，效率高的员工特别看不上效率低的员工，有时候就会讽刺几句、挖苦几句。

我劝说师妹道："你这么走太没有价值了，不是落个在公司里混不下去只得辞职的口实吗？"师妹听我这么说，带着哭腔说道："那我怎么办啊，我这么一走，那个令我恶心的同事又该得意了，想到这，我就气得手直抖，被她逼走了，她还得意，你说我这吃亏吃得是不是太大了？"

我说道："如果被人欺负得落荒而逃并且还被人说成是工作能力不行而被迫走人，你确实吃亏吃大了。如果不想再吃亏，我教你一招，那就是学习她，对，向那个你很讨厌的人学习，学习她雷厉风行的工作作风，学习她让人目瞪口呆的工作高效率，学习她与领导相处融洽的能力。你不是说她与领导的关系比较好善于拍领导的马屁吗？不是说她经常'欺负'你，领导一般装作没有看到吗？你就学习她、超越她，然后气死她，不能总让你生气吧？你也可以让她生气的啊！以前你在工作上、人际关系上不如她，她有心理优势很得意，如果你工作能力上去了、人缘上去了，她就没有心理优势了，她还怎么得意？以后她怎么可能还找你的茬，怎么好意思找你的茬？如果你能力和人缘方面超越了她，她见到你只能很惭愧……"

那天，在我的劝说下，师妹答应继续留在原公司工作，答应向她最讨

79

厌的那个同事学习。

一年过去了，今年年初的时候，师妹请我吃饭，原来在向那个讨厌同事学习的过程中，她开始讲究工作方式和工作方法，大大提高了工作效率。在向她同事学习巴结领导的(其实是尊敬领导的艺术)过程中，师妹学会了与领导和谐相处。以前不重视师妹的领导们开始对师妹刮目相看了，他们部门的主管被公司另作重用换岗了，在前主管的推荐下，老总任命师妹为这个部门的主管，师妹以前最讨厌的那个同事变成了自己的下属。这个下属还算知趣，师妹刚上任没有几天，她就请师妹吃饭，吃饭的时候，这个同事委婉地作了自我批评。这个同事的年龄比师妹大、资历也比师妹深，领导没有选她当部门主管的原因，也许是认为她性格太急躁不善于团结同级同事。其实，师妹进步后，对刚进来的个别职场新人也是很有火气，因为这些人干工作丢三落四、磨磨唧唧，并且，这些新人还不谦虚。你好心地指导他们，他们却觉得你多管闲事，表面敷衍着轻描淡写地感激你，然后该怎么做还怎么做。师妹现在工作能力上来了思想境界也提高了，看到这些不谦虚的浮躁的新人们，想到了自己以前何尝不是这样的？耳红脸热之际，师妹就对以前那个讨厌的同事(如今的下属)多了很多理解，心中对她的怨恨一扫而光了。听了师妹的心得后，我非常高兴，为自己当初的点拨出了大成绩而自豪。

职场中，因为工作能力、做人等方面存在着很多问题，惹得一些同事很是看不起，于是不时地讽刺一番或者刁难一番，一些人就想换个心情、换个环境，就想辞职。但是，如果找不准自己存在的问题，即使换个单位，相同的事情还会发生的。此时，不如逆向思维地考虑问题，不但不选择逃避，并且向老是找你茬的、很令你讨厌的人学习，学习他们身上的优点，降低他们的心理优势。当你在工作能力以及人际交往方面超越他们的时候，他们没有任何优势了也就不会或者不敢再刁难你了。

职场小贴士：

职场中，遇到处处找你茬的、令你讨厌的人，不妨放下怨恨！不妨认真地学习他们身上的优点，放下怨恨！虚心学习！在不久的将来，你就会收获惊喜。

第 6 节　别把跳槽变成了"跳坑"

慎重考虑高薪背后的附加条件

小郑以前是家 IT 公司的 HR，薪资每月七千元，虽然看着不是太高，但是，他们老板很大气，年底的时候发给员工的年终奖很可观。小郑在这公司工作四年了，每年都可以拿到三万元左右的年终奖，这样算下来，小郑的年薪也将近十二万元了。小郑在公司里算是老员工，与同事们的关系都磨合好了，大家相处得很愉快。老板做事很开明、很大气，他对小郑很欣赏，工作上放手让小郑去干，工作干得好，老总会在员工例会上表扬，并且还会发个红包算作奖励；如果工作干砸了，老板不但不批评，并且还会安慰小郑："没有关系的，这次就算是个教训而已，没有什么的，以后避免再犯这样的错误即可，你千万不要有任何思想包袱……"总而言之，小郑在这公司里工作得很快乐也很轻松，这个轻松是指心理层面的，也就是说没有什么思想包袱和工作压力。小郑是个工作很有觉悟、很自觉的人，尽管老总管理上很有人情味、很宽松，但是，小郑对自己要求还是比较高的，工作上很努力很负责从来不敷衍，业绩很是不错。

一天，同行业的一个老板亲自过来挖小郑，在离小郑公司比较远的一家咖啡馆里请小郑喝咖啡，郑重承诺小郑如果去他们那里工作，月薪一万六，年底的时候再多发一个月工资，算是年终奖。

小郑犹豫了一个星期后，最终还是决定跳槽到那家公司，毕竟按那家老板承诺的待遇算下来，年薪简直是现在的两倍。

这边办理好辞职手续，正式入职那边后，小郑后悔了。因为当初许诺的每月一万六的月薪里有一万元属于效益工资，而且定下的招聘任务非常重，公司在外面的所有项目组需要的技术人员都让小郑招聘，以前的两个招聘人员如今给小郑当助理，任务完不成，首要的责任就在于小郑，每月一万元的效益工资就是泡影。另外，根据公司的规定，只要有一个月完成不好本职工作，那么，年终奖也就没有了。也就是说，只要小郑完成不了繁重的工作任务，当初老总许下的年终奖就是空谈。

任务定得很重，小郑无法完成招聘任务，完成不了的，公司只能从猎头公司花钱"买"技术人员。老总把从猎头公司花钱"买人"看作是小郑工作的严重失职后公司的无奈之举，于是扣发了小郑的效益工资，小郑在这公司实际拿到的工资是每月六千元，不但工资比前单位少，而且还不像以前单位那样有可观的年终奖，可工作压力却是以前的好几倍，小郑觉得自己这次跳槽简直是跳进了坑里，心里很恼火却不知道该向谁发。

职场小贴士：

职场中，面对前来"挖"你者，给你戴的一顶顶高帽子以及许下的种种诱人的优厚待遇，一定要冷静面对，一定要弄明白对方是不是忽悠你，给你许下的优厚待遇是不是有着种种苛刻的附加条件。

不要盲目随上司、同事一起跳槽

唐鹏这次跳槽是"被动"的，并不是他的本意，只是因为他和部门经理关系很好，部门经理要带他"一起出去发展"，他不好意思拒绝，于是就和部门经理一起"同去"了。唐鹏自己也明白，部门经理邀请自己同去的目的是希望有自己人帮助他去一个新单位打开工作局面。

部门经理跳槽到同行业的另外一家公司还是担任市场部经理，算是"空降"到这家公司的。这家公司市场部的那些老员工本来以为他们的部门经理辞职创业去了，他们中的某个人能有机会升职为部门经理呢，没有想到，居然从外面来了一个。这些老员工当初想升职的时候，都把彼此当做竞争对手，但是，现在竟然从外面空降了一个部门领导，他们停止了之间的竞争，迅速地团结起来对付新来的部门经理。不但对付部门经理，而且连唐鹏也被牵连进去了，因为大家知道唐鹏是部门经理带过来的，是部门经理的人，于是连带着也把唐鹏看成了职场敌人。

一场"强龙"与"地头蛇"的斗争，最终以"地头蛇"胜利而告终，经理被迫辞职，身心疲惫地去了一家大公司做了普通职员。唐鹏的资历比较浅，没有被这家大公司录用。

唐鹏失业了。他在求职路上艰难地奔波了三个多月，才在一家小公司找到了工作，薪资是跟随部门经理跳槽前工资的一半，折腾来折腾去居然折腾成如此低的薪资待遇，这让唐鹏内心很窝火却又无可奈何。

职场小贴士：

职场中，一些人因为关系好的上司跳槽到一家新公司之前邀请自己"同去"，自己碍于情面不好意思拒绝，于是就稀里糊涂地、草率地跳槽了。到了新单位后，又被动地跟随老上司卷入了与新单位老员工的斗争中，不但身心憔悴，而且很有可能因战败而灰溜溜地离开这家单位。

小心成为打击原老板的"炮灰"

周末在家的时候，于波意外地接到了同行业一家公司老板的电话，对方就是劝说他跳槽到他们公司研发部，给的薪酬是现在薪酬的两倍，并且许诺到了那边，就会提拔干波担任研发部的副经理。以前，在公司新产品的推广会上，于波见过这个老板，感觉是个很和气的一个人，当时对方还热情地给了于波一张名片。

由于待遇诱人，为了职场发展，于波很快辞职跳槽到那家公司，到了公司后，于波简直是大吃一惊，因为自己以前公司研发部的好几个骨干同事居然也同期跳槽到这家公司。这家公司的老板很亲切地分别接见了他们，聊天中很"随意"地问了他们原公司目前正在研发的新产品信息，为了"表忠心"，他们都把自己知道的信息告诉了新老板，陪同接见的有研发部经理，研发部经理非常认真地听着这些新员工的汇报，并不时地问一些技术细节问题，这些新员工都给予了详尽的解答。

很快，这家公司居然比原公司更早地推出了这款新产品，这对原公司简直是一个致命打击，人家提前推出并且成功地申请了专利，也就是说，原公司花费了上千万的研发费用都打了水漂！

于波这几个原公司的骨干在现在公司里并没有受到重用。当初老板电话里许诺的工资更是没有兑现。老板让他们这几个跳槽过来的原公司骨干组成一个研发小组，在一个月之内研发出一款新产品，从时间以及技术力量上都无法完成，大家只好实话实说"这项任务非常艰巨，没有办法完成"，老板脸色一变："你们太让我失望了，给你们分配第一个任务你们就这么推三阻四的！我现在给你们两个选择，要么你们自己主动辞职，要么你们去生产基地当工人去！"他们以前都是原公司的研发骨干，来这公司里就是为了当工人？他们明白自己被这个老板要了，一个个很愤怒又无奈地选择了辞职。

后来，他们才明白，人家的研发部根本不缺人，人家之所以这么弄，就是为了挖他们以前老板的墙角打击以前老板的，只是用这种手段打击竞争对手实在是太卑鄙、太龌龊了。这些技术人员被人要得很惨，尽管以前的公司知道情况后，愿意接纳他们，但是，他们觉得没有脸回到以前的公司了，于是一个个灰头灰脸地重新踏上求职的道路。

职场小贴士：

有时候，当对手公司极力挖你的时候，一定要冷静考虑对方是不是真的缺人，一定要认真考察老板的人品，千万不要被对方要了。

第7节　每份工作都是营养餐

三年前，我曾经帮大学里的同校师妹乔莉介绍进我们公司工作。乔莉在行政部工作，购买办公用品，寄发公司的快递，购买出差人员的火车票、飞机票，电话预定出差人员需要住的宾馆，调动公司的车辆等，工作很琐碎也很繁忙。乔莉工作上犯了拖延症，效率不高。为此，她的主管连续批评过她几次，但是，这个拖延症还没有彻底改过来的时候，乔莉就被公司解雇了。

不管怎么说，这份工作是我介绍过来的，仅仅过了半年就被公司解雇，我感觉很歉意，我请乔莉吃饭安慰她，没有想到，她乐呵呵的，反而安慰我说："每份工作都是营养餐，我在这份工作里就学会了很多东西，例如工作绝对不能拖拉；例如在领导心情不好的时候不要试图解释什么，要先承认错误，等领导心情好的时候再解释；例如领导也不是完美的，但是，不能把对她的厌烦表现出来，不但不要表现出来，还要给予理解，等等。"见她从这份工作里领悟出了这么多道理，我很是欣慰。

两年前，乔莉又失业了，她打电话约我一起吃饭。这次是她请我吃饭。付账的时候，我争着付账，她哈哈大笑："师姐，你是不是觉得我丢了工作就应该成为扶贫对象？不是这样的，我很感谢自己又成熟了一些，以前我不是个马大哈吗？我们这家公司里的老板是个非常严谨的人，我在这家公司里学会了工作的严谨，这次不算是丢工作，是我自己辞职的，因为我办了件很丢人的事情，我陪同老板出去投标，结果打印好的标书居然忘记带了！"我听得目瞪口呆："这么重要的事情怎么忘带了？"乔莉叹息道："这也怪我，前阶段我们附近的超市不是搞大促销吗？有款行李箱居然打四折，虽然颜色单一款式一样，但我还是买了两个，准备过阶段我母亲过来探视我的时候送给她一个呢，结果由于两个箱子一样，我弄混了，把那个装有打印好标书的行李箱忘在家里了，才出了这么大的乱子。"事已至此，我只能尽力安慰。

一年前，乔莉又请我吃饭，我心里有些着急："怎么又是吃饭？不会又被公司解雇了吧？"乔莉哈哈大笑："没有没有，算是升职饭，我现在被公司提拔当个部门小领导，算是公司里的女中层吧！"既然是喜事，我欣然前往。吃饭的时候，乔莉又向我感叹她在这家公司学到了什么什么本事，反正就是对这份工作充满了感激，因为这份工作又教会了她很多职场道理。

上个月，乔莉又是约我吃饭。我有些不好意思："我们这简直是太俗气了，我们的关系好像只表现在我们两个吃货请客吃饭上！"她在电话里乐："一点也不俗气，吃饭不是主要的，聊天才最重要，我被一家公司挖走了，当了副总，咸鱼大翻身，如今成为女高管了！"我当时就佩服得不得了，乔莉并没有憧憬未来女高管的生活，她又絮絮叨叨地感叹自己在即将离去的这家公司里学会了什么什么本事，从教训中学到了什么什么经验。按照她的话来说，这又是顿职场营养餐！

乔莉在职场上大踏步地进步是应该的,不管是身处职场逆境还是顺境，她考虑的都是从前份工作学习到了什么，她把每份工作都当成了营养餐，从每份工作里都吸取了职场中的营养,这就使得她在职场中茁壮成长起来。

职场小贴士：

职场中，摔跟头很正常，但是，跟头不能白摔，每次爬起来要总结出教训并力求自己以后不再犯。职场中，不管经验还是教训都是营养餐，只有认真吸取里面的营养，才能在职场中快速成长，才能让自己一天天强大，才能使自己的前程越来越宽广。

第8节 没有卑微的工作，只有卑微的态度

我们公司的周姐是个保洁工，我们是早晨九点钟上班，她七点钟就到公司，然后把办公室打扫一遍，把茶水间以及走廊的地板都打扫得干干净净，当然，也包括我们的办公桌。

周姐的休息间里有个婴儿用的小餐桌，下面带着滑轮，我一直不知道这在办公楼里有什么用处，但自己也没有好意思问。

有次出差回来，因为我不想回家然后再折腾到单位，那样太麻烦了，于是早晨六点多的时候，我带着行李箱直接到了办公室。不久，周姐也来上班了，她推着那个小餐车进了办公区，把每个人桌子上堆积的书或者资料小心翼翼地放在小餐车上，然后用毛巾仔细地擦拭办公桌。说实在的，

我前后在好几个公司里工作过，每个公司里都有专职的保洁工，但是能做到给员工擦拭办公桌的还是第一人。以前的那些保洁工都是能说会道的，明明是偷懒，她们却说是办公桌上的私人物品不敢乱动，怕给人弄乱了。周姐怎么不怕弄乱？她能想到找个废弃的带滑轮的小餐桌暂时堆放员工的私人物品，其他人怎么想不到呢？归根结底，还是工作态度问题。

我们公司有专门的茶水间，里面不但供应白开水，还供应热咖啡、热牛奶以及其他的饮料，一些员工拿杯子冲冷饮或者热饮的时候，有时候会溢出一些洒在茶水间的地板上，地板很滑，一不小心就能把人滑倒，但是，在我们公司不存在这个问题，因为周姐总会及时地用拖把把地拖干净。

每天下午三点到四点，是公司专门喝下午茶的时候，这个时候人比较多，有时候甚至发生杯中的饮料被别人碰洒的情况，这个时候，搬着椅子坐在附近等待收拾卫生的周姐就会笑眯眯地拿着拖把过来拖地，一些员工很抱歉地说："周姐，这麻烦你了！"周姐总是说："不用客气，应该的，应该的！"从来没有表现出厌烦的情况。

关于卫生，并没有人监督周姐，但是她对自己要求很高，她自己备着那种薄薄的白手套，擦过的桌子和门以及走廊的墙壁，她都会戴着白手套擦拭，如果白手套脏了，她会重新把那些地方再擦拭一遍。

周姐作为一个普通的保洁工，体现出的是认真、负责、耐心的专业素质，很让人敬佩。周姐的专业素质不但我们看在眼里，我们的老板也看在眼里。

如今网购很流行，受此启发，一些普通消费者绕过市场的经销商，直接打款从我们公司购买，因此公司销售部经常加班加点包装货物，然后快递出去。很多销售员根本没有耐心包装货物，觉得自己成了包装工简直是大材小用了，牢骚满腹。

老总就把周姐调到销售部专门负责包装快递，然后又招聘了一个保洁顶替周姐以前的工作。

周姐包装快递非常认真，她认真地在纸箱内放上泡沫充垫物以后，再把包裹着海绵的货物放进纸箱。因为包装的很严实，再也没有出现快递过程中产品受损的情况。

根据形势的发展，公司也开始在网上开网店了，公司产品在网上的销售量大增，为了配合网店的销售，公司成立了网络销售部，周姐被提拔为网络销售部的副经理，专门负责带领人包装货物。因为她自己很负责，对别人要求也高，顾客网购我们公司的产品总能又快又好地收到货。

职场小贴士：

职场中，没有卑微的工作，只有卑微的态度！任何基层员工只要认真工作只要工作态度积极向上，那就会有很好的职场前程。

第9节　高人都是被吓大的

于蕾是我上家公司的同事，我们八年前就认识了。那个时候，她还是个大学刚毕业的职场新兵，整天瞪着惶恐的眼睛，像受惊的小鹿一样，我觉得她这样的表情太萌、太夸张了，于是以老员工的姿态劝她别那么紧张，工作尽力而为即可，她感激地点点头。

后来，虽然于蕾不再神经绷得紧紧的，也不再那么紧张，但是，她认真工作的程度却一丝都没有放松。

在试用期的时候，我们参加一个展会，让于蕾负责去做展会用的易拉宝，本以为她会把资料送过去再交点定金，然后让对方签订一个简单的合同，告诉对方做好后给我们送到公司即可。没有想到的是，当天晚上，于蕾一直在那盯到八点钟，看着对方把易拉宝做完，然后带走。第二天早晨上班的时候带过来了，这样的工作效率我们以前从来没有见过，一般是两天后，对方才派人给我们送来。

我们老总也觉得这个小姑娘很有意思，就问于蕾："时间并不是那么急，开展会还有三天呢！你为什么非得在那盯着人家干活？"于蕾说道："我去送资料和定金的时候，见他们的生意火爆啊，很多人都在那做易拉宝，还有人在那现场看着做，既然这样，人在和人不在，人家肯定不会是一样对待的，肯定是先做有人在的，另外，提前做好，如果做得不满意，还有返工的时间，我就担心他们把咱们的活推到最后，然后稀里糊涂地做出来，到时候质量太差也没有办法返工了。甚至还有一种可能，他们的喷绘机因为太忙而累坏了，耽搁我们的事情，如果那样，我们岂不是很倒霉？所以啊，只有先做好了，我才能睡着觉，要不然，想想这些有可能发生的可怕后果，谁还能睡着？"老总听了觉得既好笑又感动，他知道自己招了个认真负责、举轻若重的好员工，于是拍板提前把于蕾转正。

我们公司是生产精密仪器的，公司有专门的售后服务部，就是在保修期内负责给客户维修仪器，对方邮寄过来后，我们维修好，然后给客户快递回去。老总见于蕾这么负责又这么有耐心，于是就让于蕾担任售后服务部经理。

于蕾手下有四个接线员九个维修技师，按道理说，她只需要把这十三个人领导好即可，应该算是比较清闲的工作。没有想到的是，上班第一天，于蕾就跟着技师们学习各种仪器的维修，她解释说作为部门领导必须精通部门业务。我觉得她思路比较乱，作为部门经理，领导好大家工作即可，为什么非得两手粘满机油地进行维修？后来，于蕾悄悄和我说实话了"我就得掌握住维修技术，要不然，我手下这些人假装很真诚地忽悠我怎么办？明明可以维修的，技师非得说不能维修，客户不高兴要投诉什么的，我这部门经理的工作还能干好？"她这么想也有道理。

没过多久，就遇到一个技师告诉于蕾："这台仪器不能修！"于蕾没有搭理他，而是自己拿工具给修好了，然后告诉对方："以后要么靠本事吃饭，要么走人，靠坑蒙拐骗在这里是待不下去的！"对方脸一下子红了，从此再也不敢忽悠于蕾这个内行了。技师们尽力工作，客户满意了，我们老总也就非常满意，不像以前，投诉电话整天能把老总的手机都打爆了。

老总觉得能者应该多劳，既然有于蕾这么认真负责又非常谨慎的员工，那么，就让她多挑一些担子吧，于是，老总提拔于蕾当了副总，管理生产和售后服务两个部门。

于蕾当了副总后，对生产把关非常严格，产品的次品率下降了，光原材料每月节省的钱就达到几十万元，产品的质量有了保证，售后服务又做得很好，公司的销售额大增……

于蕾从大学毕业，不到三十岁就当了五百多人中型公司的副总，她算得上高人，如果说高人是怎么炼成的，只能说她是一步一个谨慎地提心吊胆地吓大的。

职场小贴士：

职场中的"害怕"是责任心的表现，是认真负责的表现，是敬业的表现，有着"害怕"的人才能够在职场中长期地行走下去，才能够获得提拔重用，才能够有很好的职场前途。

90

第五章

主动让别人看到你的价值

第1节　职场上的"分量"

　　十多年前，我在深圳的一家杂志社担任编辑，我们每隔一段时间都去帮助发行部清点一下库存。清点就是把成捆的杂志从一个仓库搬到另外一个仓库。这两个仓库处于同一层楼的两个独立的房间，两个房间距离大概有十五米远。

91

　　我们的杂志是16开64页，一捆一百本，二十斤左右。为了方便清点，仓库里有五十本一捆的以及一百本一捆的。我们有个编辑暂称呼为甲编辑吧，身高一米八三，比较魁梧，按道理说属于身大力不亏的那号人，但是，他每次拎杂志的时候，都是拎五十本一捆的，也就是说，他每次只拎十斤重的杂志，从这个仓库晃悠到另外一个仓库。编辑部干这个活，算是帮助发行部的忙，工作没有量化，就是随便干。其他的人，男编辑一般是两手各拎一捆，也就是说每趟负重四十斤，女编辑力量小些，但是，她们一手拎一手在下面托的，每趟也拎了二十斤重的一捆。只有乙编辑干活有股狠劲，他找来把椅子放杂志，把四捆杂志横着摞在一起，然后用手从下面抱起，搬起八十斤重的杂志就走。乙编辑身高不到一米六五，偏瘦，体重大概也就一百二十来斤，一百二十多斤的他搬着八十斤重的四大捆杂志，明显非常吃力，走路的时候腿甚至有些打颤，但是，他一直坚持着一趟趟地搬运杂志。大家没有人说甲编辑搬的少，也没有人特意强调乙编辑搬得多，但是大家心里有数。

我们的发行部主任有图书销售渠道，后来他辞职开了公司，做幼儿读物。他从我们杂志社挖走一个人，那就是乙编辑，他请乙编辑担任他公司的编辑部主任。挖乙编辑的原因就是"他很有责任心，能勇挑重担"。

有孩子的家庭都很重视智力开发，都不愿自己的孩子输在起跑线上，幼儿读物的生意很火，这家公司很挣钱。老板干了几年后，当幼儿读物市场饱和了，他也收手不干了，移民去了澳大利亚。

乙并没有因为老板生意不做了而失业，他很快被广州的一家图书公司聘请去当了副总经理，工资比以前的还要高上一倍。如今，乙在这家规模比较大的民营图书公司干得很好，在广州买了房买了车。

回头再说下甲，因为工作消极不努力(从拎杂志就能看出他是避重就轻的品格)，后来被杂志社解雇了，解雇后失业了一阶段，一番波折后，据说如今在武汉的一家图书公司做编辑。由于工作上还是不愿意挑重担，还是追求工作上的"轻松"，业绩不好，工资不高，在郊区租的房子，每天赶很远的路上班，日子过得很是窘迫，与乙那是无法比。

甲与乙当初都是我们的同事，后来职场上发展差别如此之大，与两人对待工作的态度有着直接的关系：甲偷懒耍滑，能自在一分钟就算一分钟，乙不偷懒不逃避，勇于挑重担干重活，结果就被创业的老同事相中，给予了重用。他在老同事的公司里也是勇于挑重担的一个人，老同事生意做得那么火，里面也有着乙很大的功劳，圈子内的老板们都是人精，他们自然知道同行公司里的员工都有多大的能耐，于是，当老同事移民后，乙被人家抢宝贝一样重金聘走了。

职场小贴士：

职场中，选择避重就轻，别人就会把他看轻，他不会得到重视，不会得到重用，以后的职场道路会比较狭窄比较沉重。

职场中，选择避轻就重，别人就会把他看得很重，他会得到别人的重用，以后职场道路会比较宽阔比较轻松。

甲和乙用他们的职场态度与职场发展轨迹诠释了这个道理。

第 2 节 主动让别人看到你的价值

下半年，我会出版九本书，为了宣传和推广我的新书，我办了免费写作培训班，培训班分为报纸班和杂志班，分别在两个 QQ 群里上课。报纸班的学员以前在报纸上发表过少量的文章或者根本没有发表过文章，基本上属于新手上路。杂志班的学员以前在报纸上发表过比较多的文章或者在杂志上发表过少许文章，有着一定的写作基础。针对两个不同的写作班，我讲课的内容也不一样。报纸班讲的内容比较浅一些基础一些，杂志班讲课内容较深一些提高一些。

大家的学习热情非常高，为了多学习为了进步快，报纸班有相当多的学员申请加入了杂志班，也就是说希望两个班的课程都听。我不但负责讲课，还负责给学员的文章提出修改意见。我承诺为每个班的每个学员每星期具体指导两篇稿件。既然要对文章写出非常具体的修改意见，看文章就必须认真，不能是浏览。对每篇文章，我总是反复地看好几遍，找到文章存在的不足之处，然后我在回复中一二三四五地指出。这样，每篇文章处理的时间至少需要半个小时，也就是说我整个晚上闷头看文章，从晚上八点到晚上十二点，最多也只能处理八篇左右的文章。工作量是很大的，如果同意报纸班的学员转到杂志班听课，按照我自己定下的规定，我需要给他们每人每星期批阅四篇文章，这样工作量太大了，于是我婉言拒绝了这些想要加入杂志班的学员们。大家也都比较理解，于是大家也就不提出这样的申请了。

报纸班上第一节课的时候，虽然规定的是晚上八点半到十点为上课时间，实际上，我讲的足有两个小时，边讲课边组织学员讨论，大家发言很积极，学习的氛围很浓厚。

这边讲课完毕，那边，有位周姓学员就把我讲课的内容整理好并且挂在群文件上，这真是给了我惊喜。因为在前一天的杂志班上课中，缺席了三位学员：一位是因为孩子太小，哭闹而无法在电脑前听课；一位是警官，恰巧那天晚上值班；另外一位是图书馆管理员，那阶段忙着整理图书，每天下班很晚，也影响了听课。我后来想把听课内容整理下来(就是在群聊中，只留下我的讲课内容)。但是，我倒腾来倒腾去的，费时费力不说，居然还漏掉了一些内容，感觉整理讲课内容是件很麻烦的事情。周同学既然整理得又快又好，干脆请他帮助我整理吧，他不是希望兼听杂志班的讲课吗？干脆请他入杂志班。我通过电子邮件把这个想法告知周同学，周同学很快给我回复，他很乐意整理讲课内容。他如愿地加入杂志班学习，报纸班的其他学员都没有意见，因为毕竟周同学是因为"又快又好"地整理讲课内容而获得"特别邀请"的。我呢，不用再自己整理讲课内容了，这方面省心省力。我和周同学算是皆大欢喜，我们算是双赢。

很多事情是相通的，周同学这个事例放在职场上也是非常有积极的现实意义的：主动地、积极地做一些有利于单位的工作，主动地、积极地展示你的价值，职场中，你自然会受到领导以及同事的刮目相看，对你展示出的新价值而"惊喜交加"的领导自然会提拔重用你，你的职场道路自然一下子宽阔了很多。

第3节　不要轻易挂备胎

徐静在一家 IT 行业的大型外企从事招聘工作。整个人力资源部连同经理在内一共五人，一下子就有两个在家休产假，向集团公司打报告要求招聘人手，集团公司没有给招聘指标。于是，五个人的活只能三个人干，这三个人中，经理负责"动嘴"，负责审阅员工送上来的各种文件、报告，另外一个身体不好，三天两头请病假，而外企又非常的人性化，对于孕妇、对于病人，总是尽量能照顾就照顾，这么一照顾不当紧，几乎所有的工作都压在徐静身上，徐静每天忙得连喝水的时间都没有，不是打电话就是接电话，要么就是埋头填写上司要的种种报表。

徐静特别郁闷，她感觉工作压力大，于是就想跳槽。恰巧同行业的一家外企大公司的人力资源部招人，于是，徐静就投了简历，徐静现在工作的公司与打算跳槽过去的公司都是行业内的前十名大公司，福利待遇都很不错。徐静也不是非常坚决地想跳槽，毕竟过去后"人生地不熟"的还需要重新开始。她就是给自己多一个选择的机会，如果对方录用了她，她再反复衡量是去还是不去，说白了，那家公司只是徐静的一个职场备胎。

徐静把简历发去后，工作一忙，就把这事情忘记了，另外，那两个休产假的同事离假期结束越来越近，徐静"解放"的日子越来越近了，徐静跳槽的心逐渐淡了。

一天，经理把徐静叫到小会议里，表情很严肃："徐静，你是不是准备跳槽？"徐静很吃惊，她脑子里转了转，立刻想起来肯定是对方公司做背景调查的时候向经理打电话调查了。外企大公司很注意对跳槽过去的员工进行背景调查的。徐静暗暗懊恼，自己就是做人事工作的，怎么能把"背景调查"这个事情忘记了？真是灯下黑啊！想到这，徐静尴尬地咧嘴笑了笑，算是默认。经理痛心疾首地说道："你看你这事情办砸了。老总前阶段找我谈话，准备提拔我为副总，让我推荐人力资源部经理的人选，我推荐了你，老总基本上同意了，这次部门里请产假的请产假、请病假的请病假，弄得人手不够，很多工作都是你一肩挑，老总很满意，觉得你业务能力非常强、可以独当一面，就准备近期正式提拔你的，没有想到，背景调查来了。你准备跳槽的那家公司，与咱公司的一些人彼此比较熟悉，私下里一交流，你要去那边公司，于是就弄成了公开的秘密了，现在老总都知道了，老总比较失望，收回即将提拔你的任命公告，准备提拔张炎。张炎就是那个三天两头请病假的男同事。徐静气得差点要吐血：自己做牛做马像女汉子一样独当一面地干那么多活，如今混得还不如泡病号的？经理看出了徐静的心思，说道："我知道你心里想什么，是的，张炎从工作能力、从敬业等方面确实不如你，但是，你不是要跳槽了吗？我们总不能任命一个即将辞职的人担任部门经理吧？"经理的这番话，徐静听了内心很委屈却又哑口无言，她明白，事已至此，说什么都是白说的，她就是被自己的这个职场备胎坑了！

95

职场小贴士：

职场中，一些人因为工作压力大等原因而偷偷给自己留个职场备胎，但是，很多时候，这些备胎就是你"不安心工作"的见证，备胎就会出卖你。如果不是决心离职，那么，还是不要轻易弄职场备胎比较好。

第4节　永远坐在公交车的前排

1925 年，一个叫玛格丽特的姑娘在英国一个不出名的普通小镇出生了，玛格丽特从小就受到望女成凤的父亲的严格教育。父亲希望女儿长大后在事业上能取得很大成就，于是，在玛格丽特小时候，父亲就经常培养她这样的信念：不管做什么事情都要精益求精力争一流，永远做在别人前头，而不能落后于别人！即使是坐公共汽车，你也要永远坐在前排……父亲的教诲深深地烙在她的心里。

玛格丽特由于从小就受到父亲的严格教育，这培养了她积极向上的决心、信心和坚强的性格。在以后的学习、生活、工作中，她总是抱着勇敢向前的精神和坚信必胜的信念，尽自己最大努力克服一切困难。玛格丽特做任何事情都是力争一流，以自己的行动实践向父亲许诺下的"永远坐在前排"的誓言。

每次坐公交车的时候，即使前排没有空位置了，即使后面有着大片的空位，但是，玛格丽特也站在前排旁边等待，当前排有人到站下车后，她就及时入座，不为别的，就是为了培养自己"永远坐在前排"的信念和斗志。

玛格丽特在牛津大学读书时，学校要求拉丁文课程五年内学成。玛格丽特凭着自己顽强的毅力和勤奋的精神，居然在一年内奇迹般地全部学完了拉丁文课程。更加让人目瞪口呆、难以置信的是：她拉丁文考试成绩竟然名列前茅。

玛格丽特不仅在学习上非常优异，她在演讲、体育、音乐、绘画等方面也出类拔萃。当年牛津大学的校长这样评价她："玛格丽特是我们建校以来最优秀的学生，她总是雄心勃勃，并且非常勤奋，每件事情都做得非常出色。"

在牛津大学，虽然玛格丽特学习的是化学专业，但是，与专业相比，她对政治更是充满了热情和期待。玛格丽特到大学不久就参加了这里的保守党协会并成为主席，她坚定地宣称"政治已溶进了我的血液"，这一年，她仅仅18岁。

玛格丽特大学毕业后进入一家公司工作，成为一名普通上班族，但她并没有因此而减弱自己在政治上的追求，她经常在周末或者节假日乘车到伦敦或别的地方去参加保守党的会议、辩论、演讲、群众大会、慈善等活动。她把工作挣来的钱作为经费去参加政治活动，对此从不吝啬。

这个坚强、勇敢的女子，以"永远坐在公交车的前排"的精神不断地向英国的权力高峰发起进攻。

1948年在保守党一次重要会议上，玛格丽特代表牛津毕业生保守党协会发言，因为她的发言非常精彩，震撼人心，影响很大，她被提名为大特福选区的议员代表。

1950年，玛格丽特竞选失败。1951年，她又一次参加竞选，再次失败。但是，她的精神从来就是努力"坐在前排"，她是个拼搏向前、不放弃、永不言败的人。玛格丽特不断地努力，不断地演讲、宣传，不断地扩大自己的影响力，1959年，屡败屡战的她终于成为英国历史上第一名女议员，这一年，她年仅34岁。

亲身经历工党与保守党不断的权利争夺，以及保守党内部领导权力的纷争，玛格丽特在权力的漩涡里艰难地激流勇进，她付出了常人难以想象的努力。

1975年2月，玛格丽特竞选保守党领袖成功。1979年5月，在全国大选中，玛格丽特成为英国历史上的第一位女首相，同时，她也是欧洲历史上第一位女首相。

玛格丽特就是世界政坛赫赫有名的"铁娘子"撒切尔夫人。

撒切尔夫人连续三届当选为英国首相，雄踞政坛长达11年之久。

职场小贴士：

这个世界上乘公交车坐过前排的人很多，但是，真正能坐在事业"前排"的人却总是很少。很多人没有坐到"前排"，就是因为他们把"坐在前排"仅仅当成一种人生理想，他们并没有采取具体行动去磨炼坚强的意志和必胜的信心。那些最终坐到"前排"的人，他们的成功，正是因为他们不但有理想，而且运用早年磨炼出的坚强和必胜的信心把理想变成了行动。从这个意义上说，"永远坐在公交车的前排"的理想培养出了积极的人生态度，这种积极的人生态度会激发人们一往无前的勇气和努力拼搏的精神。

态度决定高度。"永远坐在公交车的前排"，如果你事事都以积极的态度尽力争取获胜，事事都以拼搏的精神努力去赢取，那么，你也会成就辉煌的人生。

98

第5节　上帝只掌握了一半

她是个美国女孩。小时候，她的理想就是希望自己成年后到电台当主持人，她一直为着这个理想而勤奋学习。可是，当她长大成年后，她发现自己要实现这个愿望其实非常艰难。因为当时的所有美国电台，主持人都是男性，电台的负责人认为女性吸引不了听众，当她屡次去多家电台求职主持人的职位时，统统被拒绝。

后来，一次偶然的机会，她好不容易被一家电台破格录取了。她特别兴奋。当时就在心里发誓：要把所有热情和精力都奉献给电台主持人这个职业。但是，理想很丰满，现实却很骨感，已经习惯了男性播音员的美国听众们，不习惯突然冒出一个女性电台主持人，大家以换电台频道来表达不满和抗议。由于收听率大减，很快，她便被电台以"跟不上时代"为借口而辞退。刚有起色的人生，再度陷入低谷，她很迷茫，不知道路在何方，不知道自己幼年时候的理想什么时候才能够真正实现。

在美国遭遇多次沉重打击后，她历经曲折来到了波多黎各，她希望能在这里找到当电台主持人的机会。但是，一个新的困难非常突出地摆在了她的面前——作为一个土生土长的美国人，她根本不会说西班牙语，虽然波多黎各是英语和西班牙语并存，但是，她求职的电台需要她用西班牙语来主持。

她不愿放弃梦想。她从零开始，勤奋地学习西班牙语，通过三年时间的勤奋学习，她终于熟练地掌握了西班牙语，然后，她如愿进入了电台工作。开始的时候是百无聊赖、无所事事，她并没有受到重用，在冷板凳上坐了很久，她终于得到了一个跑龙套性质的外出采访的机会。这次采访只是一家通讯社委托她前去多米尼加共和国采访，差旅费还是她自己掏的腰包，其实这次出差实质就是一次自费采访。但是，她却看得非常重要。一些人很不理解她，觉得她居然自费出去采访，认为她想工作简直是想疯了。

后来的几年，她不停地在各个电台主持工作，但是，她又不断地被解雇，一些电台毫不留情地当面嘲讽她根本不懂主持。

1981年，她回到美国。她来到纽约的一家电台，希望成为主持人，但是，电台以"你跟不上这个时代"而直接拒绝了她。此后一年多，她一直处于失业状态。

后来，她鼓足勇气向国家广播公司的一位高管推销她的清谈节目策划，这位高管对她的策划很感兴趣并热情地鼓励她："公司一定会喜欢的！"

她非常兴奋地等待着好消息，她甚至已经准备好了节目内容。可不幸的是，她再一次被打击：国家广播公司的这位高管随后从这家公司离职。她的梦想还没有来得及起飞，就被冷酷的现实粗暴地击碎了。

她鼓足勇气找到了国家广播公司的另外一名高管，但是，这名高管对她的清谈节目的策划丝毫不感兴趣，无奈之下，她找到第三位高级职员，请求雇佣她。经过艰难的毛遂自荐，虽然这位高管同意让她试试，但却坚决反对她主持娱乐节目，只同意她主持一档政治节目。

她对政治非常不擅长。但是，为了保住这份来之不易的工作，为了能在这个平台上展示自己的主持人才华，她像当初到波多黎各那样，开始了废寝忘食的恶补。

1982年，那年的夏季非常闷热，她的政治节目开播了，节目以美国的独立纪念日为内容。她轻松、坦诚、爽朗的风格就像凉风一样很快轻拂过所有听众的心田，让大家感觉特别的舒服、特别的清爽。

不但越来越多的普通听众开始喜欢她、支持她，就是那些挑剔者也很快被她的主持风格所折服，开始接受她、喜欢她、支持她，被她的主持风格和魅力所迷倒。他们甚至在节目时间打进电话，热切地、真诚地与她探讨当时的政治问题，甚至包括关于总统大选的问题。这在美国电台的历史上，从没有过先例。

美国国家广播公司立刻认识到了她的巨大价值，破格正式录用了她。她简直就是一夜成名，她所主持的节目，成了全美最受欢迎的政治节目。但是，很少有人知道，在此之前，她曾足足饱受了18次被炒鱿鱼的痛苦！

现在，她是美国一家民营电视台的金牌主持人。在美国、加拿大以及英国等国家，每天都有800万左右的听众收听她的节目。她凭借独特的主持风格和娴熟、沉稳的语言技巧，两次拿下"埃美金像奖"，这是美国主持人的最高荣誉大奖。

现在，她在美国的传媒界简直等同一座金矿，她无论到哪家电视台、电台，都会给服务的媒体带来惊人的巨额回报。

她就是美国的金牌主持人莎莉·拉斐尔。成功之后，莎莉·拉斐尔回忆以前，曾经非常感慨地说："在我的主持人职业生涯中，我平均一年半，就要被人解雇一次，整整被解雇了十八次。悲观的时候，我认为自己这辈子完了。但我更多的时候是乐观的，我坚信，上帝只掌握了我的一半，我越努力，我手中掌握的一半就越庞大，靠着自己的努力，我终于赢了上帝。"

第6节　比拿下一座城市的人更伟大

他天生脾气暴躁，小时候，只要发起火来，他就会忘记理智，简直就像一头横冲直撞的小烈马，任何人都劝阻不了他。

1900年圣诞节前几天，他的两个哥哥请求去郊外远足，父母答应了。

他也想和哥哥们一起去玩，但是，因为他年龄比较小，父母不放心，没有批准。失望之下，他的火气立刻迸发了，他一跺脚就气恼地冲出房间，他边伤心地痛哭边狠狠地用拳头猛击院子里的果树，他的双拳很快就血肉模糊了。父亲赶紧从屋子里冲出来，使劲抓住他的胳膊，才控制住他的疯狂举动。

他感觉自己非常委屈，进屋后就扑在床上号啕大哭起来。母亲在他身旁坐下，她小心翼翼地拿起他的双手，为他细心地涂上止痛药膏，并为他缠上绷带。他在母亲的劝说和安抚下，终于冷静下来。后来，母亲温柔地告诉他："儿子，你要牢牢记住妈妈的一句话，能控制自己情绪的人，他比能拿下一座城市的人更伟大。"

从此，母亲的这句话，他牢牢地刻在心里。在他情绪将要激动的时候，在他被一些事情激怒之前，他就想起母亲的教诲，于是，他就极力控制住自己的情绪，让自己重新冷静下来。时间久了，他的克制力大大加强，并养成了能很好地控制住自己情绪的好品质。

大脑冷静、心态平和是他性格中最为明显的特点。

101

他在美国著名的西点军校读书时，成绩并不特别优异。1915年，他从西点军校毕业时，那届毕业生共四百多名，他只考了第四十八名。从西点军校毕业后，他进入军队服役。二战爆发前的二十多年的时间，他一直做参谋，从来没有带兵打仗的经验。虽然他的军事才能并不是美军将领中最出色的，但是，他克制情绪的能力很受当时美国陆军总长马歇尔的赏识，马歇尔坚定地认为：一个能够很好地控制自己情绪的稳健的人必定可以大有作为！

他的资历非常浅，他当上校的时候，像巴顿、蒙哥马利等已经是很有名气的将军了。但是，在马歇尔的提携下，他在美国军界中迅速崛起！

仅用了短短的几年，他就成了盟军的最高统帅，但是由于资历浅，他手下的很多将军非常不服气，他们经常故意在公开场合找茬顶撞他故意出他的洋相，每当处于这种尴尬的情况时，他牢牢记住少年时代母亲的教诲，他没有恼羞成怒地以权压人，没有气急败坏地怒斥对方。他总是能够很好地控制着自己的情绪，非常温和、非常绅士地与属下的高级将领们协商着工作，他的儒雅，他的"以德服人"弄得那些牛气哄哄的名将们在他面前没了脾气，那几个喜欢故意当众挑衅、刁难他的高级将领很快心服口服："他是一个非常棒的指挥，没有他，就没有一曲完美的交响乐。"就连最让美国人头疼的英国首相丘吉尔对他也非常佩服，称赞他是"英国人最好的朋友"。

他手下的一些高级将领之间也是牛气哄哄的，互相看不上，彼此拆台，很不团结。面对这种闹心的局面，他总是心平气和地耐心调解好他们的关系，使得这些很有个性的猛将们紧密地团结起来，使得著名的诺曼底大登陆之前，几百万人的巨大规模的盟军兵力大集结居然在戒备森严的德军鼻子下面悄无声息地顺利完成……

1945年，他从二战战场上凯旋而归，杜鲁门总统任命他为陆军总长。功成名就后，1948年，他从军队退役，很快出任哥伦比亚大学校长。

1952年，他在总统竞选中获胜。1956年，他竞选依然获胜，顺利获得连任。他是美国历史上唯一一位集军、政、教育荣誉于一身的总统。

他就是艾森豪威尔。

102

艾森豪威尔在美国具有非常高的威望，被尼克松总统尊称为"战争中的第一人，和平中的第一人，美国人民心目中的第一人"。

艾森豪威尔一生中在军队、教育、政界都取得了惊人的成就！在他的自传中，他把自己一生的成就归功于年少时候母亲的教诲！

从艾森豪威尔一生的故事中，我们深深感悟到：只有很好地控制住情绪，才不会在愤怒之下惹出大祸端；只有很好地控制住情绪，才不会丧失理智，才能够在冷静的状态下发挥出自己的才能；只有很好地控制住情绪，才能够团结众多的人，才能得到大家的支持和拥护。

只要能够很好地控制住情绪，你确实比拿下一个城市的人更加伟大！

第7节　向王美女致敬

2014年下半年，我将要出版九本书，为了配合这些书的宣传和推广，我开办了报纸班和杂志班。没有想到的是，一个非常著名的期刊作者高手也报名要求上我的杂志班。这个高手姓王，从 **QQ** 空间相片看，长得很漂亮，于是我就称呼这个王姓高手为王美女。王美女主要给国内的几家大刊写文章，每个月的稿费大概能挣到八千到一万。这在期刊作者里属于高手级别的了。但是，王美女依然坚持要学习，我说道："你稿子已经写得非常成熟了，您简直都快可以开班给我上课了，你怎么还要参加我这个培训班啊？"王美女说道："每个人都有自己的短板，你的文章我看了很多，像职场上的、婚恋上的，写的都非常精彩，我目前达不到您的水平，非常期待能加入你这个班学习……"高手说的话很谦虚、很诚恳，也很迫切入群听我瞎白活。感动和不好意思之余，我心情复杂地把王美女请入了我这个写作培训班。

王美女为人非常真诚，我在培训班里请大家去网上买我的书，结果，我这边刚讲，她就在那边下订单了，第二天就收到了书，并且还把成交记录发给我看，弄得我非常感动。她是杂志写作班里第一个买我书的朋友。

正像王美女说的那样，每个人都有自己的短板，我也如此。虽然我从学生时代就发表文章，虽然 19 年前的 1996 年我就在一家杂志开办了自己的专栏，虽然不管学习和工作多忙，这二十年来我都坚持写文章，已经在全国报刊发表了三千多篇文章，但是，我清楚地知道自己在写作上的有很多短板，例如我从来没有写过书评，例如我的教子方面的文章写的也比较少。于是，我请了"术业有专攻"的书评高手、教子高手等朋友来群里讲课，我当时还担心入群的时候会不会冷场，因为大家平时工作、写作都挺忙的，但是，每个新老师入群，王美女都积极地欢迎新老师入群，有着王美女这个领头羊的作用，其他作者也都很热烈地欢迎应邀而来的老师，弄得气氛很温馨、很感人。这是王美女待人热情的一个细节表现。

因为我家孩子比较小，孩子白天睡多了，晚上睡得晚，等把孩子哄睡着了，有时候就凌晨一点了，这个时候我去关电脑，发现王美女的 QQ 还在亮着，我就提醒她注意休息，别老熬夜，王美女说自己在写稿子呢，约稿实在太多了，在本月的多少号之前要完成多少篇约稿。王美女有时候把写好的稿子给我看，说这个稿子已经修改四遍了，自己还是不满意，她在为某个细节纠结。把文章写得精益求精，是王美女的另外一个特点。

103

王美女其实入写作这行并不久，也就是两三年的时间，在撰稿人中，写十多年的大有人在，她这资历只能算是新手，但是，她居然能够在写作道路上飞奔着进步，那就是来源于她的热情，来源于她的勤奋，来源于她的谦虚，与她合作的编辑都很愉快，有好的选题一般都会积极主动地交给她写。

同样，如果职场中，一个上班族对工作充满了热情，对工作很勤奋，取得成绩后又比较谦虚并且追求工作上的精益求精。这样的人，在职场中如果不脱颖而出，那是相当的难！

第六章

阿斗后面站着诸葛亮

第1节　别怕露拙

一些文摘杂志，需要一些鉴赏水平比较高的人从浩瀚的文海中推荐优质文章，选中后，这些文摘杂志会付相应的推荐费。于是，如今就有一些人专门给文摘杂志推荐稿件，这个群体就是荐稿人群体。

几年前，我认识的一个荐稿人，学习写文章。开始的时候，她的文章非常稚嫩，但是，她就敢大大方方地把自己的习作贴在博客上，一些荐稿人由于常常向我要最新发表的稿件推荐，和我关系比较熟悉了，一些荐稿人私下说道："某某的文章写的多幼稚啊，我的天啊，我可没有她那强大的心理，如果是我，我绝对不敢贴出来的，如今写作高手那么多，不怕人家笑话？"我对这些人说道："不怕人笑话是好事情，你看着吧，她会进步非常快的，她荐稿非常勤奋，写稿也非常勤奋，一个不怕别人笑话，一个非常勤奋的人，她的进步会飞速的。"

果然，不到两个月，她就有稿子在报纸上发表了。从此简直是一发不可收，她的稿子频频上报纸上杂志，每年都会有二三百篇的稿件发表，如今已经是非常知名的作者了，并且加入了当地作协，成为名正言顺的作家了。前年她出了一本书，去年也出了一本。

榜样的力量是无穷的，荐稿人群体里见她写文章如此成功，很多人立刻信心百倍地开始写起来了，以前犹豫着怕露拙老是羞羞答答地不愿写的荐稿人开始认真写起来，并很快也开始发表了很多文章。

写文章无非是多看、多琢磨、多写。荐稿人群体中，少说也有千儿八百人，很多人也在写，但是，进步最快的却是她，就是因为她根本不考虑别人的笑话、评价什么的，只管走自己的路，只管写自己的稿子。有种"写自己的文章，让别人磨叽去吧"的大气。

一些人的基础其实比她好，但是，因为怕露拙一直羞羞答答地不肯示人，弄得进步很慢。

职场中，我见过这样的例子：甲员工和乙员工同时入职，两人都是职场新人，对很多工作不会。但是，甲员工爱学爱问，遇到自己琢磨不明白的事情就向老员工请教，一些问题确实比较简单，请教别人的时候，旁边就有人发笑或者投以意味深长的目光，甲同事能听明白笑声中的嘲讽以及目光中的不屑，但是，甲同事不在乎，依然露拙，依然请教。他请教的问题难度越来越大，他在工作中进步越来越快，很快成为公司的业务骨干；乙员工害怕露拙担心被人嘲笑，始终不请教，始终不进步，后来被公司解雇。

勇敢地露拙，虚心请教，勇于改正自己并勇于进步，这是每个职场高人都走过的必经之路。

第2节　阿斗后面站着诸葛亮

两年前，我们公司里入职了一位名叫彭飞的员工，说实在的，我很替他庆幸，因为他的部门经理是个业务精通、心态平和，对员工很关心的领导。

彭飞所在的是公关部，公关部遇到突发事件，不但需要与国内的一些媒体打交道，作为跨国公司，还需要和国外的一些媒体打交道。经理让彭飞加强英语口语的锻炼，彭飞口头上答应，但是，实际上根本没有加强学习。彭飞不但英语口语欠缺，就是英语写作能力也欠佳，他的一些工作方面的英语信件，还是经理帮助他修改的然后再发送出去的。

尽管如此，经理还是让他通过了试用期，通过试用期的第二天，经理找彭飞谈话，语重心长地告诉他要加强业务能力学习。虽然彭飞是从一所名牌大学毕业的，但是，那只能说明彭飞高考成绩好，其他的并不能说明什么，至少在大学里英语就没有用心去学。经理希望彭飞进步，甚至给彭飞开了个书单，希望彭飞能加强学习。这些书都是业务方面的书，与业务提升有着直接关系的书，不属于大学里很多的那种无用的学问。

但是，彭飞并不虚心接受经理的建议，依然我行我素。

后来，公司有培训，本来没有给公关部分名额，但是，部门经理费了很大的努力争取到了一个名额，然后给了彭飞。部门经理又找他谈话，依然很推心置腹："虽然我是部门经理，但是，我更愿意把自己当成是你们职场上的师傅，这个师傅并不是说比你们高明很多，只是走的路多遇到的事情多，能给你们的职场发展起到一定的引导作用，我很希望多帮你，但是，人生没有不散的宴席，师傅也不可能永远陪着你，要想在公司里发展好，还得靠自己的真本事，在咱们公司如此，在其他公司也是如此，把本事学到手，一辈子获利的是你自己！"彭飞说道："好好好，谢谢。"

因为我和彭飞同住在一套员工公寓里，从彭飞的口中，我知道了他们经理曾经这么费心费力地帮助他，并且把帮助他作为自己的责任。

我很羡慕彭飞，说道："你小子真够有福气的，毕业刚一进入职场就遇到了这么好的部门领导！"彭飞撇嘴道："什么有福气啊，我看他就是好为人师，动不动就把我叫到他办公室里语重心长地谈一番话，我还得装作恭恭敬敬的样子，烦都烦死了！就像这次培训，基本上是利用周末培训的，这就占用了我很多业余时间，影响我和驴友去郊外爬山，我们这部门经理真够讨厌的。虽然他是个好人，但是，他是个令人讨厌的好人！"听了彭飞的话，我很震惊，他的情商怎么如此之低呢？居然不知道自己遇到了贵人，居然不知道这个贵人在处处帮助他在公司立住脚。

因为彭飞当初不够转正的资格，是部门经理放宽条件在申请转正的报告上写下了决定他留下的好评语。

因为彭飞处处排斥贵人的相助，他本身的业务水平又不行，于是被公司解雇了。后来，他先后找了几家公司，处境很不如意，简直可以说王小二过年，一年不如一年。

职场中，一些职场新人会幸运地遇到职场贵人，这些职场贵人或者是领导或者是工作经验丰富的资深职场"老人"，遇到这样的贵人，应该珍惜，应该勤奋，应该按照贵人的指点去做。可惜的是一些人不懂得珍惜而辜负了贵人的一片苦心，就像当初的阿斗辜负了诸葛亮的一片苦心一样。

第3节　时间不会撒谎

大学毕业后进入一家公司做研发，我与同公司的陈竞和于华两人合租了一套三居室的房子。他们俩在销售部工作。

陈竞和于华两人当时都是职场新兵，都是销售行业的新人，没有任何的人脉，没有客户，工作局面很难打开。

同样是面对"头三脚"难踢的职场尴尬，这两人的态度却不一样。陈竞每天回来后愁眉苦脸的，每天琢磨的就是如何开发客户，但是，于华不琢磨这些，他觉得陈竞简直是杞人忧天：做销售公司有底薪、出差补助、销售提成三块，即使没有卖出去产品，不是还有底薪与出差补助吗？

陈竞每年有大半年出差在外，投标(开始的时候很少能中标)、拜访客户(据说吃闭门羹的次数很多)。

于华虽然和公司谎称他出差，但是，他从来不出差，他就是躲在租的房子里或者回老家待着。当时火车票还没有实行实名制，他就去火车站买那些"废票"，就是别人用过的车票。按照出发的地方以及回来的地方，于华总能买到"合适的准确的"车票——某月某日去某地出发的车票以及某月某日从某地回来的票。于华拿着这些车票就可以去公司报销车费以及出差补助。尽管没有住旅店，但是，他依然能买到假发票然后拿单位报销。于华从来不出差，日子过得很潇洒自在。于华回老家的时候，向父母以及亲戚朋友说自己目前在休假，大家都很羡慕他有份比较舒服的好工作。

于华忙乎半年，没有一分钱的业绩也不行啊，于是，后来公司就把于华辞掉了。

陈竞因为敬业，因为勤奋地发展客户，使得客户从零发展到广泛的客户群，业绩也从以前的零发展到年销售额一千多万，年收入也从当初的四万多元变成了后来的六十多万(工资、奖金加销售提成)。

于华因为没有任何的业绩，口碑也不好，于是在销售行业里混不下去了，后来在一家超市找到份理货员的工作。把顾客放乱的商品重新放回原处，这就是他的本职工作，另外在诸多摄像头的监督下，他每天只得灰溜溜地干这份含金量不高，收入也不高的工作。

陈竞因为手里有着大量的客户，这些客户就是陈竞的"职场财富"，不管他跳槽到同类行业的哪家公司，这些客户都被他带到那家公司。老板自然明白陈竞的价值，是轻易不敢让陈竞跳槽的：跳槽后，自己不但每年会损失上千万的销售额，而且还会影响其他销售员的军心，再有一个就是跳槽到同类的竞争关系的公司里，以后参加竞标的时候就会多了个强有力的对手。因此，老板对陈竞礼让三分，不但私下里与陈竞称兄道弟，而且还提拔陈竞当了公司的副总，主管销售和售后服务。

当初，陈竞和于华都是职场新人，都在销售行业中属于"白纸"，区别是陈竞因为勤奋和坚持，他在"白纸"上画出了很好的图画。于华因为自作聪明地欺骗公司，他的那张白纸简直被他涂抹得一塌糊涂！

职场中，一些人自作聪明喜欢耍滑头，但是，时间不会撒谎，随着时间的推移，它会清晰地告诉你：你当初那么做是多么的傻！

第4节 职场低潮时应该做的事

职场和人生一样，不可能总是一帆风顺的，每个上班族职场中都会遇到低潮，一些人在职场低潮中怨天尤人、情绪低沉甚至自甘堕落。其实，在职场低潮的时候可以做很多积极的、有意义的、重要的事情，可以让人生从另外一方面获得收获。

生孩子

肖薇感觉非常郁闷，作为公司的老员工，近期很不得老总的信任，而且公司市场情况也不好，主要原因是同类产品市场饱和了，根本卖不动，大家都是八仙过海各显神通地搞促销活动，那些厂家促销员恨不得给人下跪求人买东西。市场如此的饱和，竞争如此的激烈，产品卖不动应该从其他方面想办法，例如产品继续更新换代或者是针对不同的人群把产品更细化，而不是一味地指责市场部不卖力，好像东西卖不出去，市场部的每个人活该挨四十大板，她这个市场部经理活该被就地挖坑活埋一般。老总不考虑这些，他就认为是市场部的问题，从外面请了个市场部经理，名义上当肖薇的副手，其实市场部的工作都是这个副手主持的，因为老总在员工例会上宣布这个副经理是"常务副经理"，主持市场部的工作。这不等于直接把肖薇架空了吗？肖薇气得想当场辞职，但是，她在心里拼命劝自己忍住忍住，平常心、平常心！

自己结婚已经四年了，一直没有要孩子，孩子早晚不是得生吗？自己为什么要辞职？自己在这个公司工作了九年，从二十二岁工作到三十一岁，为这公司的发展立下了汗马功劳，就在这公司生孩子，换个公司还没有任何业绩就生孩子总归不太合适。

思路理顺后，肖薇一下子心里舒服了，工作都是那个常务副经理负责，自己还清闲了，还有利于备孕呢。

很快肖薇怀孕了，然后肖薇就一门心思地孕育自己的宝宝，公司的事情懒得管了，经常请假在家休息，后来干脆去中医院开假条"保胎"。

孩子生下了，坐月子的那阶段，公司老总异常关心，并且和夫人一起看望肖薇，并送上了三千元的大红包。肖薇见这架势，就知道那个常务副经理肯定让老总很失望，那个夸夸其谈的家伙离滚蛋不远了。

很快，从以前的部下那里得到的信息是公司的销售更加糟糕，比肖薇负责的时候差好几倍，现在老总已经转换思路，开始细化产品，研发部已经研发出新产品，认证也下来了，很快就可以大批量生产了。

坐完月子后，在老总三番五次的催促下，在老总委婉道歉以及工资上涨百分之五十的情况下，肖薇上班去了。上班的第三天，那个常务副经理就办了离职手续，灰溜溜地离开了公司。

充电

余倩的行政部经理本来干得好好的，就是因为换了个主管行政部的副总，而这个副总任人唯亲，找个"莫须有"的工作失误，把余倩的部门经理撤掉了，然后提拔了一个自己的亲信担任部门经理。

余倩觉得自己简直就是女版的岳飞，主管副总简直就是秦桧！

很多人把这当成了不起的大事，私下里都安慰余倩"一定要想开"。余倩心里暗笑：真是小看我了，这有什么想不开的？职场不得志，正是充电时，不当经理了还没有那么大的工作压力了呢，我正好可以充电学习。

以前余倩负责一个团队，团队里的每个人的工作都需要自己过问、监督以及修正。现在被撤职当大头兵了，每天只需要做好本职工作即可，其他时间可以在网上看人力资源方面的学习资料，她以前曾经考过初级证书，现在想考中级证书。

一年下来，她的证书拿到手了，然后她跳槽去了一家大型合资企业担任人力资源总监，薪水是以前的两倍。

111

修身养性

吴越是个非常认真负责的销售经理，不但带团队，并且还亲自在一线跑销售，很勤奋、很敬业。但是，去年的上半年，他的运气不好，几个看着很有希望的投标都泡汤了，接着，因为一家公司老板卷入高利贷而跑路，欠吴越他们公司几百万的货款成了死账。这些事情弄得吴越非常被动，好像吴越不但工作不努力并且非常失职。

老板其实想撤吴越的职务，但是，吴越是创业元老，毕竟给公司立下过汗马之劳，老板也不好意思把吴越撤掉，于是就煞费心机地把销售部分为东西南北中五个大区，提拔了五个人分别担任五个大区的大区经理，这几个大区的工作由大区经理负责，大区经理的工作直接向老板汇报。吴越这个经理一下子成了光杆司令了，手下没有一个兵，公司也不派他出差了，开业务会议的时候，那几个大区经理轮流发言，吴越坐那很尴尬，后来吴越向老总请示：近期我身体不太好，需要请假在家静养一阶段，业务会议我就不参加了吧？老总很欣喜地说道："嗯嗯，身体要紧，多多休息吧！"吴越明白了，其实老总不希望他参加业务会议，只是不好开口下禁令。自己这么一说，立刻得到了老总的共鸣！辛苦了这么些年居然成了废人，吴越心里很是感慨。

有心想跳槽，但是，以前和老板签订了保密协议条款，就是跳槽三年内不得从事这个行业，目的就是避免吴越把客户资源带走。

吴越想了想，觉得自己这些年确实太辛苦了，不是在单位加班就是去出差，或者是走在出差的路上，对家人疏于照顾，自己的身体也处于亚健康状态。于是，吴越就把心思从工作上的失意转到修身养性、照顾家人这方面了。吴越学会了做菜，休息日的时候给家人做饭，每天坚持锻炼身体，周末的时候带家人去附近三百里内的城市自驾游。吴越的身体好了，与家人一起度过了很多快乐的时光，自己心情也好了很多。

半年后，老板发现那种划分大区的方法并不好，于是就把吴越的实权交了回来，为了安抚吴越，还给吴越涨薪百分之四十。吴越在事业低谷的时候锻炼了身体享受了亲情。

第5节　治愈职场新人的"三无"综合征

职场中，相当多的职场新人患上了"三无"综合征，也就是无责任、无精神、无感动。很多职场新人"带病"上职场，注定不会有任何的发展，这些职场新人也很迷茫，找不出症结，不知道如何改正自己。如何治疗"三无"综合征，下面对症下药。

无责任心

小丁是家公司销售部的助理。有天，公司需要去杭州投标，经理安排小丁周末在单位加班做标书，公司给双倍加班费。公司的标书有固定的模板，只要把需要的系列产品的介绍以及报价填上即可。技术难度不大，小丁在老销售员的指导下，已经做过多次标书，因此，经理相信小丁的能力。

小丁一个人做标书，没有人监督。星期六的上午，她做了会标书后，觉得出去玩一会也不耽搁，于是就在公司附近的一家超市闲逛，闲逛的时候，她前面的两个女孩边推购物车边聊天，聊的是本市的某区某条小巷里有家火烧特别的好吃，每天排队的人很多，火烧皮焦里酥馅香，味道鲜美……小丁听了口水都要流出来了。她出了超市乘公交车去找哪家火烧店，倒了三次公交车，在火烧店前排了半个小时的队，终于买了两个火烧，吃了后，味道确实不错，确实不负百年老店的盛名！

小丁坐车回到单位后，感觉困，于是躺在会客室的长沙发上睡觉，没有想到一觉睡到晚上九点多钟，起来看了看，发现整个楼层，其他公司都是黑漆漆的，就她们办公室亮着灯。小丁感觉很害怕，于是匆匆收拾东西乘地铁回家去了。回家睡了一会儿，然后起来坐着，有心做标书，但是，公司的那些产品报价单没有拿回来，无法做标书，于是小丁就打开电脑看电视剧，看到凌晨两点多开始"自然困"了，于是关电脑睡觉。第二天睡到了"自然醒"，看到时间已经是中午十一点多了，小丁简直要崩溃了。她简单洗漱完毕就急匆匆地坐车到了公司。因为浪费了很多时间，小丁没有做好标书。第三天，在销售部人员全部帮忙的情况下，投标人员好歹在最后关头拿到了标书，然后打车直奔机场。这个标中了，但是，对小丁不是好事情。大家都惊出一身冷汗：最后关头，是销售部的人员都帮忙才把这个标书做好的，如果万一耽搁了，后果不堪设想！

如今的大学管理得非常松散，很多大学基本上以学生"不出大事"为底线，学生们平时非常散漫，我行我素，缺乏责任心。

职场小贴士：

进入职场后，职场新人一定要告诫自己，对自己每项工作都要负责，对自己做的每项工作都要有个时间上的评估，然后再留下机动时间，使得万一工作在自己定下的时间内完不成而有时间补救。

113

无精神

小许从大学时代就喜欢玩电脑游戏，常常玩到半夜，后来有室友抗议说小许玩电脑游戏发出的噪声影响休息，于是小许就搬出宿舍到外面租房子住，租房子就是为了自由自在地打电脑游戏。

因为年轻精力旺盛，大学时下午一般没有课，可以补觉，小许玩电脑游戏常常玩到凌晨两三点钟才休息。

上班以后，小许的作息时间一直没有改变，只是如今上班没有上学那么宽松，下午也不像上学时那样可以睡大觉，小许的睡眠一下子特别缺乏。上班的时候常常无精打采、迷迷糊糊的，因为不在状态，领导交给他的任务，他总是半天才反应过来，显得特别迟钝，弄得领导对他很失望。

职场小贴士：

114

大学四年，没有父母的约束，没有老师的严管(很多大学觉得学生别出人身安全方面的大事故即可，其他的不管)，一些学生大学几年过得非常悠闲自在，养成了熬夜打游戏、网上看电视剧、网上闲溜达等生活习惯。虽然经常熬夜，但是，大学的课程很宽松，学生有大把补觉的时间，因此，尽管熬夜，学生们依然很精神。但是，进了职场就不一样了，熬夜后，白天是没有办法补觉的，于是就严重缺觉，就萎靡不振，就显得非常不精神。进入职场后，应该给自己订立严格的作息制度，不要熬夜，保证充足的睡眠，保证精力充沛、精神抖擞地在职场上高效率地工作。

无感动

小范大学毕业后进入一家基金公司工作。基金公司不仅有着非常严格的工作制度，而且工作压力也比较大。小范还算幸运，他所在的部门里有几个老员工比较热心，当小范工作上遇到麻烦，有时候不需要小范求助，他们就主动地帮助小范。对于别人的帮助，小范觉得是理所当然的，觉得在一个单位里，老员工就应该起到"传、帮、带"的作用。每次大家帮了他后，他连一声谢谢都不说，大家对他的态度很不满，觉得他太不懂事了，又不是他爹妈，凭什么帮助他成了理所当然的事，成了应尽的义务了。很快，大家都不帮助小范了。作为一个新手，小范业务上不懂的太多，经常受到领导的批评，心里很是郁闷。

职场小贴士：

刚进入职场的九零后的大学毕业生，从小就是在长辈们的呵护下长大的，从来没有觉得自己享受到的关爱需要"感谢"。于是，带着惯性思维来到了职场，同样觉得自己得到的帮助不需要"感谢"。要想获得别人的帮助，就应该从以前的惯性思维里走出来，心怀一颗感恩之心，这样，才能不断地得到别人的帮助，才能不断地在职场中进步。

第6节　怎么做好部门经理

部门经理负责着公司某一个部门的工作，独当一面，有着比较大的权力。一个部门经理等于带领一支队伍的"将军"，"兵窝窝一个，将窝窝一窝"！部门经理的素质高低决定着一个部门整体工作的成与败，甚至还会辐射、影响到其他部门的工作。所以，当好部门经理非常重要。

一、人性化管理

田菲是一家大公司的行政部经理，行政部负责着公司办公用品的采购、车辆的调配、员工的福利品发放、出差人员车票飞机票的购买以及宾馆的预订、公司财物的维护和保养等等，田菲的几个下属整天忙得团团转。

田菲很体谅大家的辛苦，她对下属非常体贴。有时候，部门员工感冒了，田菲就亲自去单位附近的药店买来感冒药，送给患病的下属，下属要给钱，田菲坚决不收。虽然药费不过是十几元钱，但是，这种关爱是不能用金钱来衡量的，下属非常感动。

每年，田菲总有那么三两次自己掏腰包请部门的下属去饭店吃饭，感谢大家对她工作的支持。部门里的员工之间如果有矛盾，田菲总是尽量让他们在饭桌上化解，酒杯一碰，不能说一笑泯灭矛盾，至少会冲淡往日积累的怨气，大家看在这么好的部门经理面子上，也不好意思再那么明显地对立下去了。

田菲每次请大家吃饭，部门总是能很好地加强团结。

去年年终的时候，田菲被公司评为优秀部门经理，发了五千元奖金。田菲去附近的超市买了五个红包，每个红包里包了三百元，发给了自己的部门下属，感谢大家对自己工作的支持，虽然钱不多，但是，大家都很感动，觉得田菲是个很善良、很重感情的好经理。

因为田菲这个部门经理很服人，很得人心，于是，在工作中，她指挥大家干工作，大家都很卖力，从来没有人搞阳奉阴违消极怠工的把戏。虽然大家工作得很辛苦，但是，有着这么一个善良、侠义的顶头上司，大家辛苦并快乐着，从来没有人喊苦喊累。

职场小贴士：

如果部门经理能关心大家，尊重下属平时付出的努力，就会获得大家的拥护，大家对分派的工作就会卖力地干好。

二、带领、指导大家工作

赵刚是家公司生产部的主管，有时候，因为公司临时签订了一个比较大的订单，并且要货的时间比较急，生产部就得加班。

加班的时候，作为部门领导，完全可以躲在办公室里享清闲，赵刚有个助理，让助理替自己发号施令就行了。

但是，为了鼓舞士气，赵刚从来都是亲临一线和大家一起加班，他的办公室里常年备着一套工作服。虽然作为部门主管，可以西装革履，但是，他觉得不符合工作气氛，于是，常常换上工作服，在车间里和大家一起加班。

赵刚以前就是从生产一线提拔上来的，车工技术很过硬，在车间，遇到一些身体不舒服或者体质不太好的下属，赵刚常常亲自过去操作车床，把员工替换下来休息一会。

还有一些新员工，技术不太熟练，赵刚总是认真地给予现场技术指导。赵刚觉得部门领导就是带领部门员工、指导部门员工工作的。

因为赵刚不贪图舒适，总是与下属一起努力一起"战斗"，所以，他领导的生产部士气饱满，工作效率非常高，常常保证质量地提前完成生产任务，深得老总的赞赏。

职场小贴士：

作为部门领导，一定要亲自参与到本部门的具体工作中去，领导大家工作，指导大家工作，与大家一起努力，才能起到很好的模范带头作用，才能鼓舞士气，才能深得下属的拥护。

117

三、注意呵护新员工

李琳是家公司财务部经理，这家公司规模比较大，财务部的工作繁重，李琳领导着七、八名下属工作。有时候，为了结束夫妻两地分居或者其他的原因，李琳的下属经常有人辞职，这个时候，就会补充进新人。每次来了新人，李琳总是带领大家全体起立，鼓掌欢迎新同事，然后一一把老同事介绍给新同事，并让大家分别和新同事握手。

下午下班后，在李琳的组织下，部门的老同事每人象征性地掏出十元，不足的部分由李琳掏，于是，大家花个一百多元，请新同事在附近的小饭馆里吃顿饭，尽管小饭馆条件比较简陋，但是，新同事体谅大家都是打工的，挣钱不容易，对于这个新团队的感激，并没有因为接风宴简单而打折。

另外，在饭桌上，新同事可以在李琳的提醒下，和每个人碰啤酒，这样新员工和大家就能很快真正熟悉起来，与大家工作合作也很快默契起来，在李琳的帮助下，新员工总是非常迅速地融入这个团队。以后等新同事成为老员工的时候，对待部门领导当初的呵护，也是心存感激的。

职场小贴士：

职场中，有个"传统"，那就是老员工喜欢欺负新员工，新员工进了单位后，简直就像是旧社会中夹尾巴过日子的小媳妇。职场上工作压力本来就大，再背了另外一种精神压力，新员工常常感觉试用期内特别的辛苦很心酸。这个时候，部门经理如果注意呵护新员工，就会赢得新员工的尊敬和感激，同时，也能为部门树立一个精诚团结的良好风气。

四、善待部门贤才

罗杰是家公司研发部的经理，在工作中，他发现员工赵林善于思考、勤于钻研，更难得的是，赵林不但技术很高，并且非常谦虚，能谦逊地面对别人的不同意见，工作中，与大家协作得非常好。

在与老总汇报部门工作的时候，罗杰多次诚心地夸奖赵林是个难得的人才，公司应该给予重点培养重用。

罗杰能如此善待部门内贤才，老总非常感动和敬佩，同时也很庆幸自己遇到一个心胸宽大的部门经理。老总暗暗地想：这样不妒贤嫉能的部门经理，以后一定要给予重用。

一年后，罗杰被老总提拔为副总，主管研发和人事。主管研发，是因为这是罗杰以前的本行，他很熟悉。让他兼管人事，是因为老总觉得罗杰这么善待人才的人，一定能为公司招来人才并且能千方百计地留住人才。

职场小贴士：

老总为了事业的发展壮大，一般非常爱才。作为优秀的部门经理，发现人才后应该及时推荐给老总。这样心胸坦荡的部门经理才能赢得老总的更加信任，才能在职场上有着更好的发展。

第七章

职场牛人为什么这么牛

第 1 节 职场上，千万别做这样的害群之马

职场上很讲究团队精神，许多具体工作是需要大家一起努力才能完成的，但是，很多时候，团队里出现了少数不靠谱的人，极大地伤害了团队的精诚团结，给团队的合作带来了较大的损害。日久必然见人心，时间久了，这样的害群之马轻则受到团队的排斥，重则就是在单位待不下去，只得辞职或者被公司解雇，落个灰溜溜离去的下场。常见的职场害群之马主要有下面几类人：

悲观情绪的人

孙苗是一家公司销售部的助理，销售部一共有四名助理，负责销售部每天的销售额统计、向客户催款以及做标书。

孙苗没有进这个公司的时候，这几个销售助理都能够精诚团结地把工作干好，但是，一个销售助理因换岗位而被孙苗顶缺后，这四个人组成的团队工作效率一下子下降了很多。

公司大大小小的客户非常多，每天就有几百笔甚至上千笔销售额，四人团队每天负责统计销售额。面对电脑表格里密密麻麻的数字，孙苗就愁眉苦脸地不断叹息："哎呀，这么多的数字，我看了就头疼得要命，如果稍有不慎，错了一个数字，就得重新统计，真是苦差使啊！"

悲观情绪是可以很快传染的，孙苗的反复抱怨惹得其他几个人情绪不断地低落，大家纷纷停下手中的工作发牢骚，但抱怨归抱怨，工作还得干下去，大家边发牢骚边无奈地继续工作。由于士气低沉，平时下班前就可以统计完毕，现在往往需要加班一个多小时。

公司经常参加全国各地行业内招标。于是，公司就经常为这些招标分别定做标书。面对频频地制作标书的任务，孙苗常常悲观地感叹："无休止地制作标书的日子啥时候才能结束啊？"这样的悲观情绪又很快传染给了其他的三位队友，引起了大家的共鸣，大家停下手中的活，发了好一会牢骚，然后才无奈地、懒洋洋地继续干各自手中的工作。

自从孙苗加入这个团队以后，其他三人感觉工作特别的累，工作效率也特别的低，并且因此而屡受领导的批评。他们三人研究一番后，醒悟过来了：原来是孙苗"坑害"的，因为她的牢骚大大打击了队友的工作士气，使得大家的心情变得很糟糕，工作效率变得很低下。更为严重的是，破坏了大家以前那种欢乐的工作氛围，使得工作起来心情非常沉重！找出症结后，孙苗很快被大家孤立起来，再发泄悲观情绪的时候，大家就对她冷脸白眼相对。终于有天，一个同事不耐烦地说："你不喜欢干这个工作，你辞职就是，又没有人拦着你！"把孙苗说得很尴尬。孙苗冷静想了想，就是辞职，到其他地方不还是干活吗？从此，孙苗再也不发牢骚了，到了公司就默默地埋头工作。

偷奸耍滑的人

阮超是上海一家公司市场部的职员。市场部经常要面对消费者做一些市场调查，于是在周末的时候，市场部人员经常要在大街上寻求路人配合来完成调查问卷。

但是，阮超常常以各种理由请假："实在不好意思，我父母要来上海看我，我周六要去火车站接站，周日我带他们出去转转，因为下星期他们就要回老家了……""昨天晚上我不慎着凉，现在发烧到39度，医生让我在家好好休息……"但是，时间久了，大家发现了他的谎言：口口声声说陪父母出去转转，但是，同事在商场里却见他陪的是女朋友；可怜巴巴地在电话里说自己发高烧需要在家休养，然而，有同事却看到阮超正在与朋友一起眉飞色舞地谈笑、吃喝！

阮超部门的同事见识了他的偷奸耍滑后，特别恼火，部门主管知道自己受到多次欺骗后，也很生气。后来有人把这些事情通过电子邮件反映给老总，老总调查后，决定解雇阮超。犯了众怒的阮超落了个狼狈离开公司的下场。

造谣生事的人

张蕾是家进出口贸易公司财务部的出纳。由于刚进公司不久，张蕾想和部门的每个人搞好关系。想法是好的，但是，她用来团结大家的手段却很低级：那就是用造谣生事来获取同事的信任和友谊。

部门甲同事负责海关报关的事务，这项工作此前是乙同事负责的，只是乙同事后来被财务总监安排专门去税务部门报税了。张蕾知道这个情况后，就私下里神神秘秘地对甲同事说："乙同事说你以前啥都不懂，连海关的大门朝哪都不清楚，报关的工作流程还是她手把手教你的！"甲同事听了大怒："这个乙怎么这样啊？我在前一个单位就是负责报关的，报关工作我非常熟悉了，根本不需要她的什么帮助，还真把自己当成前辈了？她有没有搞错，我也是有着多年工作经验的人……"张蕾赶紧劝说甲："别生气，咱不和乙一般见识……"

一天，张蕾又私下对乙同事说："甲说你的工作没有啥技术含量，就是去税务局跑跑腿而已，领导是看你负责报关的时候把工作干得一塌糊涂才给你换岗位让你去税务局跑腿的……"乙同事受到甲的"轻视"，自然很恼火，于是，张蕾故伎重施，又好言安慰乙同事。

受到挑拨后，以前相处和谐的甲和乙同事在办公室里弄得"仇人见面，分外眼红"。见两个下属因闹矛盾而影响了工作，财务总监很闹心，于是就把两人叫到公司会议室进行调解。经过交谈，甲和乙都非常震惊：原来是张蕾在背后挑拨两人的关系，弄得两人彼此误会。

121

对于张蕾的挑拨，财务总监进行了严厉的批评。部门的其他同事对张蕾的行为非常不齿，张蕾自己也感觉很羞愧，在大家的冷眼下，她的压力非常大，没有多久，她无奈地主动辞职。

阳奉阴违的人

杨成是家公司策划部的员工，与部门同事相处的时候，他的表面态度很好，但是却"光打雷不下雨"。

有时候大家一起做个策划稿，资深同事甲就说："杨成，你把这策划稿打印出来，然后校对一下。"杨成说："好好好。"甲同事出去在楼道抽了支烟回来，发现策划稿还没有打印出来，杨成在网上聊天。甲同事有些不高兴："杨成，赶紧把策划稿打印出来校对一下！"杨成头都不抬地说："好好好，马上！"然后又继续聊天。资深甲同事倒了杯开水，喝完后，见杨成依然没有行动，他也就懒得再吩咐了。甲同事把策划稿打印出来，然后自己校对，边校对边生了一肚子的火：这个策划稿是部门全体人员共同努力的结果，这里面，甲同事的功劳最大，杨成的功劳最小，自己怎么连让他校对下错别字都叫不动呢？

不但是甲同事叫不动杨成，在工作配合中，其他同事也叫不动杨成，他都是给人软钉子：嘴上答应，就是不行动！

杨成这样阳奉阴违的工作态度终于激怒了大家。从此，团队合作的策划稿或者策划活动，大家都不带上杨成了，反正少他一个人工作照样干。年终的时候，在团队中属于"多余人"的杨成被公司拒绝续签劳动合同。

第2节 清洁工大姐的职场逆袭

许大姐是我们公司里的清洁工，每天负责打扫办公室以及茶水间的卫生，另外还负责管理公司办公室的一些花草。

许大姐打扫完卫生后，会戴着一副白色手套到处检查自己干的活，如果用白手套擦拭桌子或者玻璃门，白手套脏了，许大姐就会把此处用抹布再认真擦拭一番。

有次我很好奇："许大姐，你怎么还戴白手套自己检查自己？"她笑嘻嘻地说道："以前我在一家五星级酒店干过保洁，人家的行政主管就经常戴白手套检查我们干活的质量。后来我母亲生病住院好几个月，我辞职回去照顾我母亲了，母亲出院后我重新找到咱们这公司上班！"听她这么说，我好奇地问："咱们公司里又没有人检查，你何必对自己要求这么高？"许大姐笑了："人不能偷懒，一偷懒就会长一身的懒肉，以后想勤快也勤快不起来了。我对自己要求严点，是对公司好也是对我自己好。你想啊，如果因为偷懒把自己惯成一身的懒肉，以后还上哪找活干去？"没有想到许大姐作为清洁工，居然还有如此的思想觉悟，让我很是惭愧！我在内心不得不承认，许大姐做得非常对。如果一个人长期偷奸耍滑，一旦养成了这习惯，此人基本上在职场上就成废人一个了，哪个公司也不会重用的。

因为求职面试的很多人还处于没有离职的"骑驴找马"状态，平时上班需要"骑驴"，只有周末才有时间面试"找马"，因此，我们公司的人力资源部经常是在周六的时候面试求职者。

人力资源部周六面试，那是属于加班，许大姐和我们一样，周末也是休息的，但是，只要人力资源部有周末面试的时候，许大姐肯定来。她说："如果不打扫桌子、地板上的浮灰，会影响公司形象。另外，茶水间经常有接水人不小心洒出的水，如果不打扫干净，滑倒了人就麻烦了。咱公司地面贴的是瓷砖，摔倒了，就有可能摔个骨折啥的，伤筋动骨一百天，谁摔伤了都是闹心的事情。"

既然许大姐坚持来，那就来吧，反正没有人让她来，当初人力资源部经理是这么想的。可是，许大姐那么长期地坚持，弄得人力资源部经理很是愧疚，于是向老总汇报，老总就给许大姐批了加班费，弄得许大姐很不好意思，红着脸一直在辩解："我主动加班绝对不是为了加班费的，如果真为加班费，开始的几个月没有给，我早就不会来了！"许大姐这么说，大家都信。

123

后来，公司仓库里辞职了一个库管，人力资源部准备招聘一个。许大姐与人力资源部的人很熟，闲聊中，知道仓库准备招人，许大姐就向人力资源部经理毛遂自荐："经理，你看我当库管行吗？虽然我只有初中文化，但是，我身体壮实啊，我今年三十五岁，正是干活的好时候，仓库里那些搬运、清点的活，我都不在话下！"

人力资源部经理没有想到许大姐能推荐她自己，听她这么说，还真有些靠谱，毕竟平时许大姐的工作态度大家是看在眼里的。许大姐见经理迟疑，她乐了："我知道如果按照招聘条件，光从学历这一关上，我就不合格，可是，虽然我学历不高，但我能胜任工作啊。那我自己找老总说说吧。"下午的时候，许大姐真的敲开了董事长办公室的门，说了这个事情。董事长听了，也感到意外，他想了想，说道："嗯，规矩是人定的，规矩也可以改的嘛，你去把人力资源部的方经理请过来，给你办理转岗手续，只是从此我们少了个非常认真负责的保洁人员啊！"

124　　其实，仓库库管的工作含金量并不高，只需要耐劳、细心、负责即可。许大姐在仓库里干得非常好。两年后，因为工作成绩优异，许大姐被任命为了仓库主任。

从许大姐的职场逆袭中，我们能看出，对自己严标准地勤奋工作才是职场里进步的阶梯。

第3节　职场新人忌讳自来熟

职场新人落落大方、善于交际是好事情，但是，凡事都是有度的，把握不好度，分不清楚哪些是忌讳，这就不好了。

安红是个热情大方的女孩，人际交往中，她非常喜欢自来熟，从来不把自己当外人，本来以为这是优势，但是，进入职场后，她的自来熟给她带来了很多的麻烦。

不要乱用同事的电脑

中午吃完饭，安红来到同事刘婧的办公桌前聊天，刘婧本来边在电脑上看电视剧边在 QQ 上聊天，见安红来了，刘婧就停止看电视和 QQ 聊天，与安红聊天。还没有聊上几句，刘婧的手机响了，她看下来电显示，刘婧快步走出办公室去外面的通道接电话。

安红见刘婧出去接电话了，就坐在刘婧的电脑前看电视剧，刘婧的 QQ 对话框没有关，无意中，安红看到和刘婧 QQ 聊天的人亲热地称呼刘婧为"小肥宝"，刘婧体态是有些丰满，这样称呼她的人肯定是她非常亲密的人，安红眼睛瞥了下聊天内容，明白这是刘婧的男朋友在和她讨论贷款买房的事，聊的是如何筹够首付。

刘婧接完电话回来，安红笑嘻嘻地说："小肥宝回来啦？"刘婧愣了一下，明白安红已经看到她和男友的 QQ 聊天记录了。在 QQ 上，刘婧和男友还聊了一些隐私的话题，刘婧不知道安红是不是翻看了自己以前的聊天记录，但是，又不好直接问，心里立刻烦躁起来，脸色也变得很难看，安红看到刘婧的脸色，知道她生气了，但是，安红不知道自己哪里得罪她了，后来居然自作聪明地认为是接电话的内容让刘婧不开心的。

职场小贴士：

职场中，每个人用的电脑可以说是个人的私有领地，电脑上有个人的隐私，不要随意看人家的电脑，在人家没有邀请的前提下，也不要坐在人家的电脑前，这样，就能避免瓜田李下的嫌疑了。

不管同性异性都不要有肢体接触

安红估计在大学的时候和同学嘻嘻哈哈、勾肩搭背惯了，进入职场后还改不掉这个毛病，经常很自来熟地和同事有肢体接触。一次，她在行政部里捏着文员李娟的脸蛋，模仿着《士兵突击》里面 A 大队的大队长的口

125

气说道"真够有分量的",说完后,自己感觉说得很幽默,哈哈大笑起来,其他同事听后,掩嘴窃笑,弄得李娟恼羞成怒:"安红,你真是个神经病!以后少在我面前疯疯癫癫的,我不喜欢!"众目睽睽之下,受到同事这样的怒斥,安红的脸红了,她在心里埋怨李娟怎么这么不禁开玩笑啊。

安红同样喜欢与男同事肢体接触开玩笑。市场部的孙淼非常瘦,一米七八的个子刚刚一百一十斤,瘦得夏天都不好意思穿半袖衬衫,大热的天,穿的依然是长袖衬衫。孙淼就是害怕别人说他瘦,说他是"麻杆",但是,安红才不管他的感受呢。一天中午休息的时候,安红也不打声招呼,上去就摸孙淼的胳膊,然后大笑:"孙淼,你真是两袖清风啊!"安红这是说孙淼胳膊无肉、衣服袖筒空空荡荡的,大家听了这话觉得有些风趣,都哈哈大笑起来,在众人的笑声中,安红洋洋得意。但是,孙淼却没有笑,他生气地对安红说道:"其实,你这就算性骚扰,如果在国外,凭这就可以起诉你!在我胳膊上乱摸什么啊?"说完,孙淼沉着脸不再搭理安红,弄得安红很是没趣。

职场小贴士:

职场中,不管同性还是异性,一定要保持一定的距离,以免惹得对方反感。肢体接触是没有涵养的表现。

不要弄巧成拙地装老练

安红虽然是个刚走出学校大门的职场新人,但是,她喜欢装老练,处处显示自己见过世面很成熟。公司里,她称呼女同事为姐,称呼男同事为哥,整天在公司里"马哥"、"陈姐"地叫,不管对方年龄大小。甚至一些五十多岁的老员工他们的儿女年龄和安红差不多,安红也是这么叫,这些人被安红的称姐道哥,弄得哭笑不得。

公司有次开新产品发布会,来了很多媒体以及有业务往来的企业老板。老总把这些贵宾安排到一个大包间里。平时聚餐的时候,安红经常主动去老总那桌敬酒，如今虽然有贵宾在场，但是，安红不在乎，她一只手端着酒杯，直接推门而进，然后咋咋呼呼地向老总敬酒，众目睽睽下，老总也不好意思批评一个女孩子"没礼貌"，只希望喝完她敬的酒以后她赶快退出去。酒桌上的这些人见一个漂亮的女孩端着酒杯进来了，于是都礼貌地和她一一敬酒，安红缺乏社会经验不知道酒局的深浅，来者不拒，并且是客人喝啤酒她陪着喝啤酒，客人喝白酒她陪着喝白酒，一点都不知道害怕，大家看她豪饮的样子，还惊奇这个女孩怎么如此能喝啊，但是，喝混合酒容易醉的道理安红不懂，她很快就醉了，并且呕吐到两个客户的身上，把这两个客户弄得很狼狈，安红公司的老总见状，非常尴尬，连忙让服务员把安红架走。

从此，老总知道安红是个冒失鬼，稍微重要的公开的场合，老总都不敢让安红参加了，就怕节外生枝惹出尴尬事。老总这样看安红，那么，安红在这家公司的发展肯定会受到影响。

职场小贴士：

职场中，说话做事都应该稳重得体一些，更不能因为领导平易近人而肆意妄为。

第4节　八卦惊动CEO

我有个女同事名叫徐曼。徐曼这个人喜欢分析别人的人际关系，喜欢琢磨那些与自己无关的人和事。我们公司虽然在北京，但是，总部在深圳。徐曼喜欢与总部的几个熟人通过 QQ 或者电话聊天，根据对方不经意说出的话加以分析，然后四处传播她的研究心得。

深圳总部那边有个脾气暴躁、工作作风很凶悍的主管，有阶段，这个坏脾气主管变好了，并且有意地与一些关系紧张的同事缓和关系。中午下班后，她不是和大家凑在一起聊天，就是请人家吃饭，弄得大家都不知道她葫芦里卖什么药。徐曼听深圳那边的同事说后，立即开始琢磨研究了，第二天就把自己的研究心得告诉了大家：那个主管准备跳槽，冤家易结不易解，她还算是聪明人，准备在离去之前尽量与以前关系紧张的同事搞好关系。这个研究心得通过 QQ、电话、手机短信散布开去，大家立刻恍然大悟。主管的上司比较生气：既然快辞职了，为什么现在还不打招呼？总得尽快找人接交工作吧？然后找这个主管谈话，主管弄得很被动，老老实实地承认自己准备跳槽，准备忙完这阶段就提出辞职申请……

徐曼很为自己的先知先觉得意，深圳总部的一些人更是称呼徐曼为"徐半仙"。

有段时间，CEO 开始人前人后地表扬一位副总裁。徐曼又在琢磨了，琢磨后的结果就是副总裁即将担任 CEO，现在的 CEO 之所以人前人后地表扬副总裁，就是为了给副总裁树立威信，那么强势的一个人之所以能够经常主动地表扬副总裁，肯定是与董事会达成了协议，那就是给了 CEO 巨额赔偿，然后 CEO 才配合董事会那么拥护副总裁的。还有，现在的 CEO 是个很强势的人，免了他的 CEO 职务，他不可能再在这个公司任职了，他肯定会去其他公司任职。

徐曼又把自己的研究心得在 QQ 上、在手机短信上向几个关系好的同事发送了。单位里，高层人事更换一直是大家关心的问题，这几个好朋友把这样的"心得"向其他的人传播，传来传去的，居然传到了 CEO 的耳朵里，CEO 大怒，立马乘飞机飞过来，训斥了徐曼一顿。CEO 为了一个八卦传闻乘飞机专门跑过来训斥徐曼，成了我们集团公司里的一个笑谈，大家从此称呼徐曼为"徐八婆"。

CEO 是个性情中人，训斥了徐曼一顿后就算了，并没有就这个事情为难徐曼，其实根据他的权力，完全可以把徐曼立刻开除。

但是，新上任的 CEO 对徐曼的做法非常生气，便找个工作上的借口把徐曼开除了。

职场小贴士：

职场中，要慎言慎行，八卦公司的人与事，不会给自己带来一分钱的好处，但是，却很容易引火烧身，这样百害无一利的傻事还是不要做为好。

第5节 别把"卖萌"当捷径

我曾经做过几年的杂志编辑。

杂志每月有个固定的截稿期。作者有自己的"档期"，他们会在杂志截稿前一个星期左右的时候给我们投稿，几乎所有的作者都是如此的集中。那几天，是我们编辑最繁忙的时候，需要挑选好的稿件准备送审，送审的稿件如果有不足之处，为了加大二审、三审通过的几率，我就会一一与作者沟通，给他们提出修改意见，让他们认真修改，然后再发给我，我按期送审。绝大多数的作者听后，都会按照我指出的问题去修改。但是，有几个年轻女作者喜欢和我"讨价还价"，喜欢在 QQ 上打出多种友好的、可爱的表情，用现在的话说就是"卖萌"，边"卖萌"边和我商议："哎呀，老师，修改稿子挺麻烦的，老师您亲自给我修改呗，谢谢老师啦，老师最好啦！""老师，我这两天有点忙呀，你看，晚上有个朋友的饭局，这个周末家里会有客人来，根本抽不出时间啊，老师，您好事做到底，既然您都给我指出文章的不足之处了，那就给修改修改呗！"然后又是送玫瑰又是打可爱表情或者害羞表情。说实在的，快送稿子的那几天，我们编辑都是忙得焦头烂额的，杂志社要求得比较严格，送审的稿件不能出现病句，也不能出现太多的错别字，与其一一指出错别字或者病句，还不如直接修改更方便，于是编辑那几天里是又当编辑又当校对的，非常忙碌，甚至有时候要熬通宵，哪有时间给这些作者修改稿子？如果拒绝，对方就继续在 QQ 上施展各种的"卖萌"，如果继续让他们修改，他们就"不抛弃不放弃"地劝我"亲自给他们修改"，我只得敷衍说道："好的，那我给你修改吧。"对方目的达到，非常高兴，又是装各种萌后，然后才下线。这边，我该忙什么还忙什么，不会因为对方装萌我就真的去亲自修改。给作者修改稿子按道理说也是编辑的分内之事，但是，作者们在杂志截稿之前一个星期非常集

129

中地把稿件投向我的信箱,我没有三头六臂,根本没有那么多时间和精力给他们修改。既然有作者装萌不愿意修改,那么,我就继续看稿子,找几篇可以送审、作者愿意修改的文章替补上。那些卖萌的稿件,根本不送审,只送审那些愿意修改的。

当然了,后来,这些"卖萌"的会问终审结果,我会很"遗憾"地告诉对方,终审没有通过。对方很是失落和郁闷。

职场中,这样卖萌的新人也很多,某项工作做不好,向老同事请教,老同事耐心地告知,按道理说,职场新人用心学习即可,毕竟授人以鱼不如授人以渔,耐心学习才能够以后尽量少求人帮忙。但是,他们不是这样认为的,以为自己卖个萌装个可爱就可以让老同事代劳。职场上每个人的压力都很大,有时间还想喘口气呢,为什么你卖个萌就可以坐在电脑前聊天看电影,人家就得累死累活地帮你干活?你自己都不愿意干别人为什么愿意干?人家敷衍着答应了,但是,根本不会真的帮你做或者根本不会真的帮你用心做。你本职工作出现的问题只能是你自己负责,这就是职场上把"卖萌"当捷径而付出的代价。

第6节 职场牛人为什么这么牛

在我十多年的职场生涯中,我见过很多的职场牛人,这些牛人职场发展很顺利,人际关系比较好,总是在比较短的时间内就获得升职加薪的机会,这些职场牛人为什么这么牛?我说下我见识的这些牛人的特点。

感恩

我没有买房子之前,当过一阶段的二房东,就是我自己租了个二居室,然后把另外一个卧室出租出去。刘冬就是我的租户。他算倒霉的,大学毕业后来北京找工作,千辛万苦找到份工作,干不到半年,结果这家公司的几个股东闹内讧,这公司黄了,他失业了。刘冬的工资本来就不高,没有什么积蓄。失业后,他的那点积蓄只够他吃饭的,根本交不上房租。北漂的几年中，我也遇到过困难的时候，因此对刘冬特别理解。我安慰他说："别着急，房租的事情，用不着着急上火，有了就给，没有就算了！"听我这么说，刘冬的眼泪一下子就流了出来："宁哥，那怎么行，这房子是你租的，你还得向房东交房租呢，放心吧，以后我肯定把房租补上！"

一个半月后，刘冬找到了工作。上班半月后，还没有等到发工资的时候，公司居然把他派往杭州分公司工作。临走前，刘冬请我到饭馆吃了顿饭，表达了对我的感谢以及以后房租会打我银行卡的承诺。

刘冬到杭州工作半个月后，他发了工资，于是把欠我两个月的房租一共两千六打我银行卡上了。按道理说，欠我的房租也给我了，我们之间的账已经两清了。一年后，当我搬到新买的房子后，刘冬在 QQ 上与我闲聊天，他说道："您刚才说搬新家了，我近期如果回北京总公司汇报工作，我上您家里看望您去啊，麻烦您把您家的具体地址告诉我，到时候别找不着地方。"于是我就告诉了他详细地址。然后我们继续聊天，聊天中，我感叹买房子贷款压力太大了，虽然换了新房子，但是，电器没有换，冰箱还是用以前的旧冰箱，等以后有机会了再换。这是闲聊。没有想到的是，三天后的那个周六，我收到了一个三开门的大冰箱，发件人显示的是刘冬。我赶紧给他打电话，问他这是怎么回事，他笑道："在我最困难的时候，你没有催要我的房租，让我有了栖身之地，我非常感谢你，这个礼物是我对你的报答，希望你不要推辞……"盛情难却，冰箱我收下了。从此我对刘冬更加关注。

刘冬到杭州后的第二年，被提拔为分公司的副经理，到杭州的第四年，他被调回北京总公司工作，担任公司的副总经理。上星期的周末，我们在一起吃饭的时候，我夸奖他职场发展得很牛，他笑称自己走运。虽然我没有直接看到他在职场中的情况，但是，根据我对他的了解，他这么知道感恩的一个人，职场中肯定会有很多人愿意帮助他并扶植他，肯定有很多人愿意帮助他在职场中进步。

职场小贴士：

感恩是职场中人应该具备的一个优良品质。职场中，没有人有义务帮

131

助你，应该对那些帮助给予感谢。具备感恩之心的人，才会有更多的人愿意主动帮助你，你的职场之路才能更为顺畅。

谦虚

赵军是我以前在广告公司的同事，他经常随身带着个笔记本。有天，我说道："赵军，你这个策划根本不行，花里胡哨的，又是在全国各卫视上做电视广告轰炸，又是媒体发布会配合，居然还有个冠名的青年歌手大赛！你知道这么下来，客户需要花多少钱吗？至少得几千万啊！人家公司刚创业不久，总资产也不过是两千多万，你让人家投资这么大做宣传，你这是怎么想的啊？你觉得客户会同意吗？"听我这么说，赵军的脸一下子红了，他赶紧从口袋里掏出个小笔记本说："你把你刚才说的话再说一遍，我怕有疏漏的！"见他又是掏本子又是拿笔记录，我有些不好意思了："别听我瞎白话，我说的未必对，你听听就行，没有必要记在本子上！"赵军说道："不不不，我觉得你说的挺好的，我以前做广告策划的时候，确实有时候忘记'实用'这点，我得记录下来！"我说道："你如果愿意记下来你记在脑子里就行了，何必弄个笔记本记录？好像我是首长讲话一样！"赵军说道："好脑子不如烂笔头，记在脑子里有时候容易忘，记在笔记本上忘不了，我可以经常翻看，可以经常温故而知新！"天啊，真是太谦虚、太有诚心了，见他虔诚地望着我等着记录。我把刚才说的话在脑海中认真梳理一番后，又添加了一些他策划中其他的问题，然后推心置腹地一并说了出来，赵军边听边把脑袋点得像鸡吃米一样，手中的笔沙沙地记录着。

赵军以他的记录，以他的谦虚打动了大家，大家都愿意把他工作上的不足之处指点出来，看在赵军虔诚记录的份上，大家也都很认真。既然发现问题了，大家就会认真地分析问题，然后提出解决问题的办法。赵军统统地记录在本子上。中午吃完饭，大家休息的时候，赵军就在那里认真地翻看着笔记本，大家看到这一幕，觉得特别温馨、特别有成就感，因为大家提出的意见和建议都在他本子上记着呢，他现在认真翻看认真学习，大家就有种被受重视的自豪感。于是，以后大家给赵军提意见就更加认真了，毕竟人家那是要记录在本子上的，意见和建议要说得有水平才好。

不要小看赵军的这种"笨拙精神"，因为这种"笨拙"的谦虚，使他在业务上进步非常快，仅仅过了半年，他居然成了我们公司策划部最牛的策划。后来，他被业内一家大型广告公司挖走了，薪资是我们公司给出的两倍。

职场小贴士：

职场中，切忌不要骄傲，人都有逆反心理，你越骄傲，别人越等着看你出洋相，既然大家都等着看你出洋相，谁也不会"逆民意"而帮助你。相反，如果你很谦虚，很少有人为难你，大家觉得你这么谦虚这么低调，为难你没有一点意思，另外，很多人还会因为你谦虚而对你心生好感，很多人就会不遗余力地帮助你。

嘴甜

我们公司的李悦两年前是前台，主要负责去楼下物业大厅拿报纸、信件，收发公司的快递，登记来访客人等杂活，薪资不高，基本上是我们全公司工资最低的。

李悦有个最大的优点，就是嘴巴甜："哎呀，李姐，你这衣服真的太合身、太高档了，本来就天生丽质的，穿上这套衣服那绝对是倾城倾国……""张哥，你今天真是帅呆了，不过，平时也挺帅的……""陈经理，怪不得我早晨上班路上听到喜鹊叫，你知道的，在人城市里能听到喜鹊叫那是相当不容易的，我就猜今天肯定有天大的喜事，果然，原来今天是你和白马王子领取结婚证的大喜日子，恭喜，恭喜!"李悦因为嘴巴甜人缘好，工作能力还行，于是当销售部缺助理的时候，李悦自己主动争取换岗，销售部经理和老总都爽快地同意了。

销售助理的工作就是做标书，给销售部出差人员订机票、车票，统计有关销售的各种数据等等。

李悦继续发扬嘴巴甜的优点，与销售部的所有人员关系都处得很好。

在李悦的要求下，那些资深销售员主动把一些销售经验传授给了李悦，在大家的帮助下，很快，李悦从销售助理摇身变为销售员，并且进步很快，每月的销售额直线上升，后来居然成为销售部的首席销售员。

职场小贴士：

时代不同了，大家的观念都在改变，"嘴巴甜"不再是"拍马屁"的代名词了。"嘴巴甜"已经被看成了善于团结人、沟通能力强、协作工作的能力强等优点了。事实上，大家更愿意在心情愉悦的情况下帮助"嘴巴甜"的同事，也非常愿意与"嘴巴甜"的同事一起协作工作，遇到工作有分歧有争执的时候，"嘴巴甜"可以很好地缓解矛盾、统一思想。总而言之，当今职场，"嘴巴甜"就是生产力。

第7节　拉开差距的只是一张笑脸

134

我们公司有着十多年的历史了，光前台就先后有过六名，董莉是这六个前台中职场发展最好的，她在职场中脱颖而出的原因是因为她经常有着一张"笑脸"。也许你感觉不可思议，但是，如果你听我慢慢道来，你就知道她在职场中"发达"是多么必然的事情。

公司的前台，因为工作比较简单，没有什么含金量，因此，一般工资不高。拿着很一般的薪资，其他人做前台工作很没有激情，说话办事就像机器人一般，与机器人的区别就是机器人需要按按钮发号施令，前台是需要口头指令或者电话指令而已，相同点都是冷冰冰公事公办的样子。大家也理解，觉得工资不高，干的工作又比较琐碎而繁忙，有点情绪也正常，于是不予计较。

但是，董莉显然是这些前台中的另类，她的心态很好，待人热情，工作很有激情，每天都笑眯眯的，交代她办一件工作，她就笑嘻嘻地、清脆地答应一嗓子："好的，事情交给我你放心好啦！"看这一张笑脸，大家心里就很舒服，觉得这前台的工作态度真好。

不知道分机号的情况下，公司的总机就是前台负责接的，然后再转各个分机。虽然打电话的人看不到董莉的面部表情，但是，从她甜美的声音里，从她带着笑意的声音里，从她饱满热情的声音里，对方仿佛看到了前台董莉一张热情的笑脸。从这个意义上说，声音确实是另外一张脸，这张脸是冷若冰霜还是笑颜如花，人家在电话里是能感觉到的。

老总有时候乘飞机关机，他的朋友打手机不通，于是就打公司的总机找老总，"听"到董莉的笑脸，在后来聊天中，老总的朋友就会夸奖："你们公司的那个前台很不错，工作很负责态度很好，每次接电话都是很礼貌、很热情，让人仿佛看到了她的笑脸！"这样的话听多了，老总开始对董莉刮目相看了。后来，因为公司的扩展，市场部缺人手，在老总的"推荐"下，董莉进了市场部。老总觉得市场部经常参加展会做活动等，与外界打交道比较多，董莉这么热情的一个人适合去市场部工作。

老总果然没有看错人，因为董莉待人的热情以及工作的认真，她的工作业绩很好。是啊，现实生活中，大家都愿意和一个喜欢笑的人打交道，有谁真正喜欢苦瓜脸呢？

董莉在市场部业绩很好，人缘也不错，于是，当市场部经理跳槽后，董莉被老总提拔为市场部经理。工作勤奋加一张温和的笑脸，董莉以工作能力和平和的为人获得好评一片。于是，又过了两年，董莉这位在公司内部以及公司外部都获得无数好评的人被公司提拔为副总。

职场就是如此，你付出热情，它就会加倍地回报给你热情，如果你付出冷漠，那么，你收获的也只能是职场的冷漠。董莉的成功是必然的，那是职场对一个有着工作激情的上班族的报答。

135

图书在版编目（CIP）数据

职场达人就是这样炼成的. 职场规则篇 / 宁国涛著.
—西安：西安电子科技大学出版社，2015.4
ISBN 978–7–5606–3558–3

Ⅰ.① 职…　Ⅱ.① 宁…　Ⅲ.① 成功心理—通俗读物　Ⅳ.① B848.4-49

中国版本图书馆 CIP 数据核字(2015)第 006884 号

策　　划　刘玉芳
责任编辑　阎　彬　韩春荣
出版发行　西安电子科技大学出版社(西安市太白南路 2 号)
电　　话　(029)88242885　88201467　邮　编　710071
网　　址　www.xduph.com　　　　电子邮箱　xdupfxb001@163.com
经　　销　新华书店
印刷单位　陕西华沐印刷科技有限责任公司
版　　次　2015 年 4 月第 1 版　　2015 年 4 月第 1 次印刷
开　　本　710 毫米×1000 毫米　1/16　印 张　9
字　　数　121 千字
印　　数　1～1000 册
定　　价　24.00 元
ISBN 978–7–5606–3558–3/B

XDUP 3850001–1
如有印装问题可调换